conversando com os Cães

É de surpreender
    que a palavra *God* [Deus]
seja *dog* [cão] de
        trás para a frente?

Kate Solisti-Mattelon

conversando
 com os
Cães

*um diálogo incomum
de sabedoria canina*

Tradução
Denise de C. Rocha Delela

EDITORA CULTRIX
São Paulo

Título original: *Conversations with Dog.*
Copyright © 2004 Kate Solisti-Mattelon.
Copyright da edição brasileira © 2007 Editora Pensamento-Cultrix Ltda.
1ª edição 2007.
4ª reimpressão 2013.

Publicado originalmente por Council Oak Books, www.counciloakbooks.com.

Todos os direitos reservados. Nenhuma parte deste livro pode ser reproduzida ou usada de qualquer forma ou por qualquer meio, eletrônico ou mecânico, inclusive fotocópias, gravações ou sistema de armazenamento em banco de dados, sem permissão por escrito, exceto nos casos de trechos curtos citados em resenhas críticas ou artigos de revistas.

A Editora Cultrix não se responsabiliza por eventuais mudanças ocorridas nos endereços convencionais ou eletrônicos citados neste livro.

Crédito das fotos: © Brian G. Green/ GETTY IMAGES. © Patrice Mattelon página 11, Photodisc/ PUNCHSTOCK páginas 17, 21, 27, 31, 73, 89, 101. Brand X Pictures/ PUNCHSTOCK página 59. CORBIS página 115. © Mike Brinson/ GETTY IMAGES página 127.

Capa: Buffy Terry

Dados Internacionais de Catalogação na Publicação (CIP)
(Câmara Brasileira do Livro, SP, Brasil)

Solisti-Mattelon, Kate
   Conversando com os cães : um diálogo incomum de sabedoria canina / Kate Solisti-Mattelon ; tradução Denise de C. Rocha Delela. – São Paulo : Cultrix, 2007.

Título original: Conversations with dog
ISBN 978-85-316-0994-7

1. Cães – Comportamento 2. Comunicação homem-animal I. Título.

07-7694   CDD-156

Índices para catálogo sistemático
1. Cães e homens : Relações : Psicologia comparada   156
2. Homens e cães : Relações : Psicologia comparada   156

Direitos de tradução para o Brasil
adquiridos com exclusividade pela
EDITORA PENSAMENTO-CULTRIX LTDA.
Rua Dr. Mário Vicente, 368 — 04270-000 — São Paulo, SP
Fone: (11) 2066-9000 — Fax: (11) 2066-9008
E-mail: atendimento@editoracultrix.com.br
http://www.editoracultrix.com.br
que se reserva a propriedade literária desta tradução.
Foi feito o depósito legal.

Impressão e Acabamento: Cometa Grafica e Editora
www.cometagrafica.com.br - Tel- 11-2062 8999

Agradecimentos

Minha mais profunda gratidão a Fiorino e ao Conselho dos Cães, por me dar a honra de compartilhar a sua sabedoria e as suas dádivas maravilhosas. E a todos os cães, de todos os lugares, que nos amam e acreditam em nós, incondicionalmente.

Obrigada a todos os que gostariam de saber o que os seus cães pensam e que dispuseram do seu tempo para me enviar as suas perguntas.

Um agradecimento especial a Buffy Terry e a Vanessa Perez pelo projeto visual deste belíssimo livro.

Obrigada a todos da Council Oak Books, por adorarem este livro.

A Patrice, meu marido e alma gêmea. Obrigada por me acompanhar nesta inacreditável viagem!

Aos cães que fizeram parte da minha vida (e ajudaram a lhe dar forma): Tipsy, Mandy e Mollie. E aos inumeráveis cães que ao longo do meu trabalho encontrei, e que tocaram a minha alma e me inspiraram. Obrigada a todas as suas indescritíveis dádivas à humanidade, a mim, àqueles que vocês amam e ao planeta!

Agradecimentos 7

Introdução 11

Capítulo Um
onde buscamos as respostas para as nossas perguntas? 17

Capítulo Dois
seres terrenos com compreensão cósmica 21

Capítulo Três
a vida de acordo com os cães 27

Capítulo Quatro
a vida com os seres humanos 31

Capítulo Cinco
vocês, outros cães e outros animais 59

Capítulo Seis
por que os cães são do jeito que são? 73

Capítulo Sete
outras coisas que os cães gostam de fazer (ou não) 89

Capítulo Oito
cuidados com o corpo 101

Capítulo Nove
cuidados com os sentidos e com a mente 115

Capítulo Dez
o que os cães nos ensinam sobre a espiritualidade? 127

Na Companhia dos Cães 147

Sobre a Autora 149

Em memória de Mollie

Ela foi como um farol para mim, quando enfrentei as maiores mudanças e transições da minha vida (até hoje). Muito obrigada, doce cadelinha, por me dar coragem, alegria, amor infinito e aceitação incondicional. Obrigada por me ensinar a confiar. Espero que você esteja olhando por mim aí de cima e se sentindo orgulhosa dos meus progressos. Prometo continuar fazendo um "bom trabalho".

Obrigada por me ensinar o que é amar como um cão. Se eu conseguisse amar assim, bem..., então eu me sentiria um verdadeiro ser humano!

Em algum momento da vida, os animais são professores para todos nós. Eles nos instruem sobre maneiras de ser e perceber que estão além da nossa imaginação e são exemplos de outras possibilidades.

— Joan McIntyre, *Mind in the Waters*

Introdução

Quando começo a prazerosa tarefa de escrever este livro, minha cachorra Mollie descansa aos meus pés, sob a escrivaninha. Mollie está comigo desde 1992, quando eu a adotei num abrigo para animais abandonados. Ela é uma mistura de sheltie (um collie em miniatura) e de corgi (a raça preferida da rainha da Inglaterra), talvez com um "toque" de pastor. Eu a chamo de "cão de designer", pois é a única do gênero.

O que esse ser acrescenta à minha vida e à vida da minha família e dos meus amigos e alunos? Ela está constantemente ao meu lado. Dorme embaixo da nossa cama a noite toda. Senta-se perto de mim durante as aulas, as consultas por telefone e as visitas que recebo de amigos. Ela não perde uma oportunidade de ficar com as pessoas que ama. Só fica sozinha quando está roendo um osso no quintal ou dormindo num pequeno ninho, que ela mesma prepara num cantinho banhado de sol. Mollie recebe com felicidade e simpatia a maioria dos estranhos. Adora que acariciem a sua barriga. Durante os passeios, seu lindo rabo se agita como um estandarte, lembrando-me de toda alegria que ela sente numa bela excursão repleta de odores. Ela representa doçura, diversão, companhia, confiança, paz e tranqüilidade. Acima de tudo, ela me dá amor, e o amor é o motivo que me levou a escrever este livro.

Por que o título *Conversando com os Cães?* Hoje muitas pessoas lêem livros como *Conversando com Deus, Mensageiros do Amanhecer, Como Comunicar-se com os Anjos, Reencontro com a Alma*. Temos todos uma enorme sede de sabedoria, verdades universais, compreensão mais profunda do propósito da vida e orientação sobre como viver uma vida equilibrada, em harmonia com o nosso propósito pessoal e com os ritmos do planeta. Há anos venho ensinando às pessoas que as criaturas que se deitam aos nossos pés, dormem enrodilhadas aos pés da nossa cama ou mascam a nossa grama são seres que podem nos dar todas as respostas que buscamos. Só precisamos aprender a nos abrir para ouvir o que elas têm a nos dizer.

O tipo de comunicação que ensino neste livro está além das limitações físicas impostas pelos instintos, as ondas cerebrais, a capacidade mental e o que os cientistas behavioristas descobriram ou observaram sobre os cães. Não estou interessada em provar que a consciência canina tal como eu a conheço pode ser mensurada pelos padrões humanos. Este livro é sobre como nos abastecermos na Consciência Divina que atua por meio de toda criatura, planta, pedra e porção d'água do nosso planeta.

Acredito que toda espécie e indivíduo expressem a Divina Consciência do seu jeito. Neste livro, eu abordo os cães a partir desse meio espiritual compartilhado. Embora possamos nos expressar de maneiras diferentes, todos os seres compartilham a Consciência Divina, que é um dos vários modos pelos quais viabilizamos a comunicação e a compreensão entre espécies. Não tenho a pretensão de achar que as informações que recebi e apresento neste livro sejam válidas para todos os cães e para todas as circunstâncias. Eu fui um veículo para essas informações, que passaram pelo meu próprio crivo. Sou uma receptora tão eficiente quanto a minha consciência permite neste momento. Como acontece com grande parte das informações transmitidas entre seres humanos, a prova final da sua utilidade se dá quando a testamos nas nossas próprias experiências de vida.

Conversando com os Cães foi escrito com o intuito de apresentar ao leitor a percepção espiritual, física e emocional inerente à espécie canina. Os níveis individuais de percepção variam de cão para cão.

Conversando com os Cães não foi escrito para ser um manual. Ele é um instrumento para uma compreensão mais profunda.

Espero que livros como *Conversando com os Cães*, *Conversando com os Gatos* (no prelo) e *Conversando com os*

13

Cavalos (todos da minha autoria) possam ajudar as pessoas a se lembrarem de como entrar em contato com a Consciência Divina por meio dos cães, dos gatos, dos cavalos, dos canários, dos camundongos, das fuinhas, das cobras, dos elefantes – de toda a Criação, animal, vegetal e mineral – e então compartilhar essas experiências uma vez mais, assim como pretendiam as lendas antigas. Eu continuarei incentivando e apoiando todo tipo de comunicação entre espécies com o intuito de melhorar a compreensão e a ligação entre todos os seres. Para mim isso tem tudo a ver com o Amor.

Os povos indígenas e primitivos sempre respeitaram os animais, encarando-os como professores e agentes de cura. Nos primórdios da raça humana, aprendemos muitas lições e estávamos abertos para receber as dádivas dos nossos companheiros de planeta pertencentes a outras espécies. Em algum lugar ao longo do caminho, perdemos nossa ligação com eles e com a Mãe Terra. Começamos a trilhar jornadas egocêntricas, focadas na ganância e na dominação. Em resultado, grande parte da humanidade hoje se sente desconectada, sem rumo, infeliz, insatisfeita, separada e solitária.

Muitas culturas ainda contam histórias sobre a ligação profunda que uma vez tivemos com o mundo natural e como acabamos nos separando e nos isolando das outras espécies e da própria Mãe Terra. Elas contam a história sobre como os cães preferiram ficar ao lado dos seres humanos quando nós viramos as costas para o resto do mundo natural. Eu recebi essa história desta maneira:

Houve uma vez, no começo dos tempos, um conselho formado por todos os seres. Esses seres representavam as diferentes expressões do Criador em todas as suas maravilhosas formas. Em torno da mesa desse conselho, sentavam-se insetos, pássaros, répteis, mamíferos, marsupiais e seres humanos. Cada uma das espécies encarnaria para experimentar a vida na forma, aprender verdades específicas e compartilhar essas experiências com as outras, de modo que pudéssemos todos entender melhor a nós mesmos e ao nosso Criador. A abelha escolheu a sua forma para poder cooperar com as plantas florescentes. Os elefantes quiseram ser os ouvidos da Mãe Terra e sentir as vibrações na terra e no ar. Os guepardos preferiram explorar e conhecer por experiência própria a graciosidade e a velocidade. Os seres humanos examinaram as dádivas que tinham recebido e optaram por desenvolver seu intelecto avantajado e a dádiva da linguagem verbal.

No início, todo mundo estava conectado. Éramos todos um só. Gostávamos de compartilhar as nossas experiências e novas descobertas da vida no plano da forma. Então um dia, em nossa busca pela mente, nós, seres humanos, não voltamos mais ao fogo do Conselho. Passamos a ser narcisistas, esquecendo de que tínhamos concordado em voltar ao conselho para contar aos outros sobre as nossas experiências. Aprofundou-se o abismo entre seres humanos e as outras criaturas da Terra. A maior parte dos animais continuou a sua jornada, mas três espécies demoraram-se um pouco mais na reunião do conselho, entristecidas com a separação cada vez maior entre seres humanos e animais. Num momento decisivo, essas três espécies optaram conscientemente por se unir ao propósito e à evolução dos seres humanos. Elas escolheram deixar o conforto proporcionado pela companhia de outros da sua espécie para ficar ao lado do homem, com a intenção de guiá-lo de volta à Fonte, de volta à sua conexão, de volta ao Amor. Essas três espécies foram o cão, o gato e o cavalo. A partir desse dia, tudo o que precisamos fazer é parar e prestar atenção nessas três espécies, para que elas nos lembrem de quem realmente somos.

Eu optei por começar pelos cães o meu estudo sobre o nosso relacionamento com outras espécies, porque eles têm feito parte da nossa família humana há mais tempo do que qualquer outra espécie. Alguns anos atrás, os cientistas acreditavam que os cães foram domesticados por volta de 14 mil anos atrás. Há pouco tempo, estudos genéticos provaram que os cães talvez vivam em nossa companhia há 130 mil anos. Durante esse longo período, até hoje, o lobo foi se desenvolvendo até assumir formas incrivelmente diferentes, que variam desde o poodle "xícara", que pesa menos de um quilo, até o malamute do Alasca, que pode pesar até 80 quilos! Por mais incrível que pareça, o DNA dessas raças tão diferentes, assim como de todas as outras, é quase igual ao do lobo.

Em inglês, a palavra cão [dog] se soletra da mesma forma que a palavra Deus [God] de trás para a frente. Para muitos de nós, essa coincidência tem razão de ser. Pense nas qualidades que atribuímos ao seu amor benevolente, misericordioso, paciente, incondicional e sempre disposto a perdoar. Observe as qualidades da lealdade canina, da devoção, da aceitação incondicional, do perdão, da paciência. Nossos cães nos ensinam diariamente, por meio do exemplo, o que significa amar incondicionalmente.

Talvez se pedirmos, eles nos ensinem como podemos ser assim também.

onde buscamos as respostas para as nossas *perguntas?*

capítulo um

"Os cães são criaturas absolutamente encantadoras; eles oferecem amor incondicional. Para mim são um exemplo do que significa estar vivo."
— Gilda Radner, *It's Always Something*

A maioria de nós busca a orientação de professores humanos para aprender a viver bem a vida e ser feliz. Alguns de nós consultam livros antigos e modernos, gravuras e manuscritos, em busca de explicações sobre verdades espirituais que, de algum modo, nos pareçam melhores que a sabedoria mundana. Graças a Deus, ao longo da história, os seres humanos foram agraciados com professores, mestres, santos e sábios humanos extraordinários. Pela lógica, os seres humanos iluminados teriam as respostas para o resto de nós. Porém, não importa o quanto esses professores humanos possam ser brilhantes ou evoluídos – eles continuam sendo humanos. Até que ponto suas perspectivas podem ser amplas caso não aprendam a se basear em sabedorias diferentes, em perspectivas diferentes?

Hoje em dia, estamos prontos para cruzar o mundo e até aprender línguas estrangeiras para explorar outras realidades. No entanto, a maioria de nós não tem a curiosidade de saber o que um animal ou grupo de animais pode pensar ou dar importância. E se tivéssemos a capacidade de conhecer a visão de mundo de outras espécies diferentes da nossa? Será que esse contato alargaria os nossos horizontes e a nossa compreensão? Assim como aprendemos a falar outras línguas humanas, poderíamos aprender as linguagens dos seres não-humanos e ter a chance de estudar o modo como eles vêem o mundo. O que aprenderíamos se abríssemos a nossa mente e nosso coração para outras realidades, diferentes da nossa? Será que conseguiríamos descobrir nossa humanidade sagrada se compreendêssemos como os animais nos vêem e saber mais sobre a nossa ligação com eles e com o planeta? Eu creio que a resposta a essas perguntas é sim. Acho que muitos de nós estão prontos para isso.

Você está?

Talvez você não acredite na possibilidade de nos comunicarmos com os animais. Mas pense um pouco. As pessoas que amam os animais e convivem com eles realizam uma comunicação entre espécies o tempo todo! Olhe o seu cachorro. Pense em todas as mensagens sutis e não tão sutis que vocês transmitem um ao outro. Você interpreta a linguagem corporal dele todo dia. O rabo abanando, um latido alegre, olhos baixos, patas na sua perna, um arranhar na porta, um movimento de cabeça, uma lambida na bochecha. Todos nós entendemos essas mensagens. Muitos de nós aprendemos também a interpretar sinais muito mais sutis e particulares como a cabeça empertigada e o olhar interrogativo dos nossos amigos animais, quando estão tentando nos entender, ou o movimento frenético do seu traseiro quando pegamos as chaves do carro para dar uma volta.

Você e o seu cão têm uma linguagem especial que usam entre vocês?

As pessoas têm me contado histórias fabulosas sobre as maneiras excêntricas pelas quais seus cães se fazem entender. Comece a prestar mais atenção aos sinais peculiares que o seu cão lhe transmite e você começará a ver como os animais são perspicazes quando querem nos comunicar as suas necessidades.

Muitas pessoas falam com os cães num tom de voz engraçado e diferente, criando uma forma de comunicação especial entre humanos e cães. Você e o seu cão têm uma linguagem especial que usam entre vocês?

O que você vê no seu cão que é diferente do que viu nos outros cães que teve ou conheceu?

Pense nos amigos caninos especiais que você já teve. O que fazia deles cães especiais?

Agora que você parou para pensar no quanto você e o seu cachorro de fato se entendem, vamos passar para o próximo nível. À guisa de experiência, deixe de lado tudo o que você aprendeu acerca do que pode e não pode fazer. Diga a si mesmo que você, na verdade, é capaz de se comunicar com o seu cachorro. Diga que você está recebendo informações dele o tempo todo e que as compreende perfeitamente bem. Se você não consegue se forçar a acreditar nisso, pergunte a ele se quer dar um passeio. Será que ele entendeu você? Você conseguiu interpretar a reação dele? Claro que sim!

O próximo passo é começar a observar o seu cão depois de compreender que vocês se comunicam o tempo todo.

O que você está notando agora que não notava antes?

Agora ele está lhe transmitindo sinais diferentes aos quais você passou a prestar atenção?

Quando acariciá-lo, perceba a maneira como você o toca. Como ele reage aos afagos, batidinhas, pressões e movimentos? O que acontece quando você mantém a mão alguns centímetros acima do corpo dele? Você percebe que ele sente o seu toque mesmo sem haver contato físico? Observando o seu cão e a maneira como ele reage ao que você faz, você aprenderá a prestar atenção às comunicações mais sutis. Com a prática, essas observações se transformarão numa consciência mais profunda. O toque consciente, com uma comunicação clara e simples, pode levá-lo a desenvolver a sua ligação com o seu cão e estabelecer uma bela parceria. O amor combinado com tudo o que eu disse anteriormente levará você a entender melhor a si mesmo e a essência dos Cães.

seres terrenos com compreensão *cósmica*

capítulo dois

"Nós, seres humanos, não deveríamos nunca nos esquecer da nossa capacidade de conexão com o espírito coletivo dos animais. A energia deles é essencial para o nosso crescimento futuro."
— Shirley MacLaine, *Dancing in the Light*

Nós lemos muitos livros sobre mensagens de anjos, guias espirituais, mestres ascensionados e até da nossa própria alma. O que esses seres têm em comum com os cães? Em que são diferentes? Partindo do óbvio, os cães são seres físicos e os demais não são. Isso significa que os cães conhecem por experiência própria o prazer, a dor, os cheiros, os gostos, as imagens, a temperatura, a fome, a sede, os impulsos hormonais, a juventude, a maturidade, a velhice, o nascimento, a vida e a morte. Nós, seres humanos, vivenciamos todas essas coisas também. Os anjos, a nossa alma, o nosso eu superior e os nossos guias espirituais, não.

Os cães têm consciência da sua ligação com Deus. Ao contrário de muitos seres humanos, eles nunca se esqueceram dela nem chegaram a perdê-la. Os anjos, os mestres ascensionados e até a nossa própria alma conhecem essa unidade com Deus e com todos os outros seres. Nós, seres humanos, estamos tentando desesperadamente nos lembrar.

Ahá! Como pode ver, os cães estão em posição de vantagem. Eles compartilham conosco a realidade física e conhecem e vivem em todos os momentos do dia-a-dia uma unidade que nós lutamos para conhecer! Eles sabem disso? Pode apostar que SIM! Deixe-me contar uma história sobre a missão dos cães e como nossas vidas estão interligadas.

Anos atrás, eu estava trabalhando com uma senhora que pretendia criar um sistema terapêutico para animais. O que a levou a querer fazer esse trabalho foi um inesquecível galgo italiano, companheiro seu havia muitos anos. Esse cão extraordinário tinha quebrado todas as regras acerca do que essa senhora achava que sabia e compreendia sobre os relacionamentos entre homens e cães. Esse animal maravilhoso mudou essa mulher e despertou-a para o propósito de sua própria vida. Em resultado, ela honrou as dádivas que recebeu do cachorro, criando um sistema terapêutico para veterinários e outros profissionais usarem em cooperação com os animais sob seus cuidados. Para criar esse sistema, ela queria ir além do que os seres humanos achavam que sabiam sobre as necessidades dos animais. Queria perguntar aos próprios animais de que eles precisavam. Para isso, ela procurou a ajuda de uma médium capaz de entrar em contato com a consciência animal.

> *Os cães têm consciência da sua ligação com Deus.*

Essa senhora sabia que tinha de testar as informações recebidas pela médium, para se certificar de que ela estava realmente recebendo informações dos animais. A maneira que ela encontrou de testá-la foi observar se a médium era capaz de se conectar com o galgo italiano. O que a paranormal teria a lhe dizer sobre o seu cão? Bem, como ela logo descobriu, a moça conseguiu lhe dizer quase tudo. Depois de receber dela informações que só o animal e ela mesma sabiam, essa senhora se sentiu confiante para continuar seu trabalho com a profissional em comunicação com animais. Juntos, eles formaram um trio – a senhora, a profissional e o cão.

Quando perguntaram ao galgo o que todos os cães queriam ou precisavam para se sentirem satisfeitos, saudáveis e felizes, a resposta foi surpreendente. O cão contou aos seres humanos, por meio da médium, qual era a missão de vida dos cães. Ele disse que, para um cão se sentir satisfeito, saudável e feliz, ele precisava cumprir a sua missão. Eis no que consiste essa missão, descrita com simplicidade e beleza:

A missão de todos os cães é levar amor incondicional à humanidade por meio da lealdade, da devoção e da completa aceitação. A espécie canina escolheu por livre e espontânea vontade nascer nos mais variados formatos e tamanhos, para poder ficar ao lado dos seres humanos em todas as situações da vida – desde o cão de caça de um rei, passando pelo cão pastor de ovelhas até o cãozinho de colo de uma madame. Acompanhando os seres humanos pelas diferentes jornadas da vida, o cão pode irradiar amor incondicional pelos quatro cantos da Terra.

Tudo o que um cão faz, ele faz para demonstrar amor pelo dono. O pointer alemão o ajuda a caçar passarinhos. O são-bernardo resgata excursionistas perdidos. O terrier escocês guarda a casa e a lareira. O chihuahua caça camundongos e afasta os intrusos. O keeshound vigia as mercadorias dos comerciantes nas barcaças. O basset hound caça texugos. O maltês vive em contato físico com o dono, no colo ou sobre uma almofada. O collie e os pastores pastoreiam ovelhas e protegem a família do pastor, e assim sucessivamente. Embora façam todo tipo de trabalho, esses seres maravilhosos têm um propósito em mente: servir de exemplo de amor incondicional.

Nós, seres humanos, achamos que criamos um cão para executar determinadas tarefas. Na verdade, o cão concordou em nascer para ficar perto de nós e realizar com brilhantismo o que precisamos que ele nos ajude a fazer. Nós, seres humanos, com nossa ênfase no "fazer", passamos a acreditar que o propósito do cão é "fazer", em vez de "ser". Um grande equívoco. Você percebe que o maior propósito do seu cachorro é ficar ao seu lado? Tudo bem, alguns retrievers vivem para brincar de bola. Alguns até brincam de bola sozinhos. Mas observe a energia do seu cachorro e a sua linguagem corporal quando ele joga sozinho e quando você entra no jogo. Eu garanto que é diferente. É essa ligação emocional e espiritual que dá alegria a ele, pois ele está aqui para cumprir sua missão e propósito.

Portanto, se o propósito divino da espécie canina é perpetuar o amor incondicional, não seria uma boa idéia examinar como os cães fazem isso e o que eles têm a dizer sobre viver o tempo todo em estado de amor incondicional?

OS CÃES COMEÇAM A NOS ENSINAR QUANDO PASSAMOS A PRESTAR ATENÇÃO

Como aprendemos a nos manter presentes na nossa vida? Muitos de nós nos sentimos frustrados, vivendo a mesma rotina de sempre, sem novidades ou nada interessante, e com a sensação de que queremos algo mais. A maioria dos seres humanos vive no passado, prisioneiros de experiências que tiveram com os pais, os professores, os chefes. Outros vivem apenas no futuro. Um dia encontrarei o parceiro dos meus sonhos. Amanhã

> *Os cães vivem absolutamente presentes no momento.*

comprarei aquele vestido. Vou conseguir o emprego que quero. Na semana que vem, passarei mais tempo com os meus filhos. Será que terei o suficiente para pagar as contas? Será que ela ficou zangada comigo? Quando vivemos no passado ou no futuro, perdemos o contato com o presente. A vida passa em brancas nuvens. Buscamos a felicidade em vez de criá-la agora. Se é preciso buscar alguma coisa, batalhar por ela, isso é sinal de que ela não está aqui agora. Os cães estão absolutamente presentes no momento. Eles não pensam no que comeram no café da manhã depois de terminada a refeição. Não se preocupam com o que acontecerá depois. Eles aproveitam o momento presente, que num segundo será totalmente novo.

Você está vivendo no passado ou no futuro? Observe o modo como você fala. Está apenas repetindo coisas que aprendeu ou está falando de coração? Você costuma usar frases como, "Um dia eu terei muito dinheiro"? Note que "um dia" nunca significa hoje. Aprenda com o seu cachorro; tente mudar o seu jeito de falar, incorporando o tempo presente nas frases em que usava o futuro. Experimente dizer, "Eu tenho todo o dinheiro que quero e de que preciso neste momento". Faça isso vezes suficientes e o universo logo captará a sua mensagem. Os cães entendem o que estou falando. Observe como eles fixam a atenção no nosso sanduíche. Eles não estão pensando, "Puxa, seria tão bom se você me desse este sanduíche..." Ele está pensando em como esse sanduíche está gostoso AGORA. Prestar atenção e ficar presente o tempo todo é usar todos os dons que a vida lhe deu. Use todos os seus sentidos, inclusive os sentimentos: o tato, o olfato, o toque, a audição e a visão. Respire! Você prefere viver a beleza? Ou optou por conhecer a feiúra? Gostaria de se divertir enquanto está vivo ou só pensa no trabalho enfadonho que faz todos os dias? A escolha é sua, e os cães da sua vida podem ser professores inestimáveis. Está disposto a assumir a responsabilidade por criar a sua própria vida? Se está, deixe que o seu cachorro lhe mostre como VIVER! Portanto, se o seu cão estivesse falando com você agora, o que ele veria, ouviria, sentiria? Como seria essa experiência?

a vida de acordo com os *cães*

capítulo três

"Eu creio que os animais falam com os seres humanos desde que fomos todos criados e trazidos para este mundo."

— Barbara Woodhouse, *Talking to Animals*

Depois que passarmos a acreditar que somos capazes de entender o que os cães nos comunicam, podemos começar a ouvir os pensamentos deles. Eu conseguia ouvir os pensamentos dos animais e das plantas quando era uma garotinha. Achava que isso era normal, mas logo percebi que meus pais não eram da mesma opinião! Aos 8 anos de idade, eu me fechei para as partes de mim que sabiam ouvir. Mais tarde, com quase 30 anos, decidi assumir a responsabilidade pela minha vida e parei de culpar os meus pais, o meu emprego, o tempo e outras condições externas por tudo que acontecia comigo. Comecei a prestar atenção nas minhas escolhas diárias. Passei a ouvir o meu coração. Comecei a fazer novas escolhas. Procurei ajuda e orientação. Li livros de auto-ajuda. O meu terapeuta me ajudou muito. Na terapia, quando eu tentava me conhecer melhor, descobri partes de mim mesma com as quais tinha perdido o contato. Tomei consciência de que eu tinha me distanciado das partes femininas e intuitivas da minha consciência e as substituído por qualidades que a sociedade valorizava mais – assertividade, poder de realização, fazer, fazer, fazer. Comecei a reintegrar essas partes de mim que faltavam e algo miraculoso aconteceu. Comecei a sentir a natureza de modo diferente. Passei a sentir cada vez mais as plantas, as árvores, as pedras e a água. Tomei consciência de que havia algo mais. Senti prazer, paz e unidade.

    Quando passei a ficar mais tempo junto à natureza, sem fazer nada, comecei a ouvir o que as árvores me diziam. O sentimento de paz, bondade e amor era indescritível. Eu sabia que não estava ficando louca, porque tinha aprendido a confiar em mim mesma e nos meus sentimentos, quanto eles me diziam que eu estava certa. Continuei a explorar minha crescente percepção e a me entregar ao dom de ouvir. Por fim, consegui ouvir toda a natureza: os animais, os pássaros, a água e as pedras. Essa experiência me levou a uma conexão profunda com a Terra. Creio que tenha despertado e me lembrado da minha ligação com a Consciência Divina e com todos os seres vivos. Sei agora que estou conectada com todas as coisas vivas e que somos todos partes do mesmo Deus. Sei disso sem sombra de dúvida.

> Os cães têm sido os meus maiores mestres.

Sinto-me honrada cada vez que posso dar a outros seres humanos a oportunidade de fazer essa conexão da maneira como descrevo. Meu marido, Patrice, e eu dedicamos nossa vida à tarefa de ajudar as pessoas a estabelecer essa ligação, primeiro com elas mesmas e depois com os animais e com a natureza à sua volta. Para mim é um grande prazer compartilhar a sabedoria divina dos animais com aqueles que estão prontos para ouvir. Como os cães têm sido os meus maiores mestres, eu trago a sabedoria desses seres no formato de livro, com a esperança de que você aprenda a buscar e respeitar as enormes dádivas que eles nos proporcionam, e aprenda também a ouvir e viver a vida que Deus concedeu a nós todos. Divirta-se!

DANDO A PARTIDA

Que perguntas faríamos aos nossos cães? Em geral o melhor é começar pelas perguntas mais óbvias que eu ouço as pessoas fazerem. Se você olhar com atenção, perceberá que as respostas a essas perguntas mundanas muitas vezes revelam algumas surpresas.

a vida com os seres humanos

capítulo quatro

"A fidelidade de um cão é uma preciosa dádiva que não exige menos responsabilidade moral do que a amizade com um ser humano. Os laços entre um verdadeiro cão são tão duradouros quanto podem ser os laços deste mundo."

— Konrad Lorenz

Qual é o melhor jeito de se falar com um cão?

A comunicação simples, clara e direta é a mais eficaz.

R: Entendemos muito mais do que pensa a maioria dos seres humanos. Ouvimos os seus pensamentos, interpretamos a sua linguagem corporal e vemos o seu campo energético. O que vocês verbalizam é somente uma parte da comunicação. O melhor jeito de falar conosco é com clareza e objetividade. Pensem primeiro no que vocês querem nos dizer. Então falem o que querem, não o que não querem. Por exemplo, ouvimos o tempo todo, "Não! Não pode. Saia do sofá", etc. A sua linguagem corporal e o seu campo energético irradiam contrariedade. Ficamos tensos, assustados e chateados por termos contrariado vocês. Geralmente não sabemos muito bem o que fizemos porque vocês nem sempre são claros. Vamos ensinar um jeito melhor. Façam elogios e nos dêem recompensas quando aprendermos a fazer algo que os agrada. Assim vocês estarão se relacionando conosco com alegria e amor. Sentiremos o seu apoio e saberemos que estamos deixando vocês felizes. Não há problema em nos dizer para não mastigarmos o jornal, mas nos dêem um brinquedo que possamos mastigar e digam, "Bom menino, mastigue isto!"

O tom de voz é muito importante. Associamos sons agudos com felicidade, nervosismo ou preocupação. Associamos tons fortes e diretos com instruções. E associamos tons baixos e profundos com avisos.

Experimentem falar em vários tons de voz diferentes e percebam como reagimos. Digam-nos para fazer algo num tom de voz baixo e profundo. Digam-nos que estão felizes com algo que fizemos num tom de voz agudo e vibrante. Dêem ordens num tom de voz claro e moderado. Observem se vocês não estão misturando os três tons de voz. Viram como ficamos confusos?

A visualização ajuda muito. Como lemos a sua mente o tempo todo, uma imagem mental clara será uma garantia de que entenderemos o que vocês nos disserem. Muitas vezes percebemos que vocês pensam uma coisa e dizem outra. Isso é muito confuso. Se dizem, "Pegue a bola", mas pensam, "Ele nunca vai conseguir", recebemos uma mensagem dúbia.

Dependendo de quanto queremos agradar, muitos de nós obedecem ao pensamento em vez das palavras do dono, pois geralmente o pensamento tem uma carga emocional maior.

Se vocês visualizam o que querem, enquanto usam a voz para se comunicar conosco, ficará muito mais fácil para nós entender o que vocês querem dizer. Para fazer isso, basta que vocês se concentrem no que querem que façamos. Mentalizem-nos fazendo exatamente o que vocês querem. E, finalmente, digam-nos o que querem, usando a voz.

Também é importante prestarem atenção na sua linguagem corporal quando falam conosco. Vocês estão totalmente focalizados na direção que querem que sigamos? O seu corpo ou o seu campo energético está avançando enquanto vocês nos pedem para parar? Se vocês mesmos estão pensando ou querendo seguir em frente enquanto nos pedem para parar, isso é muito confuso. Lembrem-se, prestamos mais atenção nos seus pensamentos, no seu corpo e na sua aura do que nas suas palavras. Procurem coordenar os seus pensamentos, o seu corpo e as suas palavras. Se eles forem coerentes, vocês perceberão que entendemos instruções complicadas num instante. Aprenderão a confiar em nós e descobriremos que podemos contar com vocês para nos transmitirem instruções claras. Todo mundo ficará feliz!

Qual é o maior obstáculo para a comunicação entre seres humanos e cães?

A separação.

R: Enquanto vocês nos virem como seres separados de vocês e com uma capacidade mental menor, nunca estabeleceremos entre nós uma comunicação clara. O seu sistema de crenças influencia todos os relacionamentos que vocês têm. Como vocês acreditam que a comunicação entre espécies não é possível, pelo menos não entre seres humanos e outras criaturas, é bem possível que não consigam se comunicar. Mas as pessoas que descartam essa crença horripilante se abrem para mundos empolgantes e maravilhosos que antes pertenciam ao reino da imaginação!

Pensem um pouco. Tudo de interessante que os seres humanos criaram como espécie nasceu de uma idéia. Tornou-se uma realidade física porque alguém acreditou que ela era possível. Vocês se limitam demais! Por quê? Acho que é por causa do medo. Tem de ser. Mas medo do quê? De que seu vizinho, sua família, seus amigos, seus colegas de trabalho, seus professores pensem que vocês são malucos porque acham que outras espécies têm sentimentos, inteligência e são seres espirituais? Não se limitem por causa do medo e das crenças dos outros. Sempre que uma pessoa começa a rejeitar o medo, o mundo se torna um lugar mais brilhante e cheio de amor. Toda vez que alguém consegue se libertar das crenças coletivas e passa a acreditar num novo conceito, a liberdade em todas as suas formas ganha um sopro de vida.

A comunicação é uma atividade do corpo, do coração e da mente. A comunicação é uma conexão. Quando uma pessoa aceita que o ser com quem ela se comunica é um reflexo dela própria, um espelho, Deus sorri. Quando uma pessoa aceita outro ser como um membro da sua família, Deus ri com prazer.

Vocês se ofendem quando os chamamos de filhos ou quando nos referimos a nós mesmos como mamãe ou papai?

Ninguém vive sozinho.

R: Essa não é uma resposta fácil. Sabemos que muitos de vocês precisam que sejamos seus filhos. Muitos de vocês precisam de filhos para se sentirem completos e felizes. Vocês precisam de alguém para amar e cuidar. A maioria de nós entende que nos chamar de filhos é uma maneira de nos mostrarem o quanto nos amam. O amor é sempre bom, seja qual for a maneira pela qual é expresso. Mas vocês também precisam entender que alguns de nós fazem questão de mostrar como nos respeitar como iguais. Perguntem a si mesmos se o fato de nos verem sempre como crianças beneficia a nossa parceria. Vocês nos vêem como bebês? Vêem-nos como adolescentes? Jovens adultos? Se não somos mais filhotes, pode não ser muito fácil ser tratado como um bebê. Quando vocês falam conosco carinhosamente, num tom de voz agudo e feliz, a comunicação faz sentido. Em nossa comunicação canina, falamos uns com os outros nesse mesmo tom. Se vocês falam conosco como quem fala com um bebê, vamos deduzir que estão nos tratando como bebês. Podemos nos esforçar para satisfazer a sua fantasia nunca crescendo de fato. Enquanto falarem conosco desse jeito nós continuaremos nos comportando como filhotes. Vamos mastigar as coisas, fazer xixi pela casa quando estamos empolgados e choramingar quando queremos atenção. A pergunta é: por que vocês falam desse modo conosco?

Às vezes, o hábito de nos ver como bebês impede que vocês recebam as importantes dádivas que temos para lhes conceder como adultos. Se prestarem atenção e se perguntarem por que nos tratam como crianças ou bebês, poderão encontrar alguns buracos vazios no seu coração. Alguns desses vazios nós preenchemos com alegria. Outros vocês têm de aprender a preencher por conta própria. Vocês podem erigir os seus próprios alicerces de amor-próprio sobre a base de amor que existe entre nós. Quando esses alicerces estiverem firmes o suficiente para sustentarem um lar mais confortável para vocês, convidem outros seres humanos para compartilhar do aconchego que ele pode oferecer. Se vocês canalizarem todo o seu amor para nós, ficaremos desapontados. Nosso objetivo é ajudá-los a realizar um intercâmbio de amor com todos os seres, inclusive os seres humanos, não só conosco.

Vocês gostam quando dizemos que vocês são adoráveis, umas gracinhas... ou quando lhes damos apelidos que achamos bonitinhos?

Todo mundo gosta de elogio!

R: Claro! É o jeito de vocês nos elogiarem e dizerem que nos amam. Às vezes ficamos meio constrangidos quando vocês exageram. Alguns de nós que se consideram régios, majestosos ou elegantes não gostam que nos chamem de "gracinha". Se vocês observarem como nos portamos no mundo e nos respeitarem pelo que somos, saberão escolher as palavras que combinam mais conosco.

Vocês gostam de ser beijados?

O beijo dos seres humanos é diferente do beijo dos cães.

R: Depende da energia por trás do beijo e das nossas experiências pessoais com a pessoa que faz algo tão íntimo e pessoal. Se a pessoa que amamos e em quem confiamos vem nos beijar, normalmente ficamos felizes. Se a pessoa se aproxima rápido demais, como quando alguém assopra na nossa cara, achamos esse gesto invasivo e nos afastamos. Às vezes até chegamos a morder se nos sentimos desconfortáveis. Se a pessoa está de fato necessitada e nos beija porque precisa do nosso amor, geralmente toleramos, mas não gostamos de verdade. Lembrem-se, a sua idéia humana de beijo é muito diferente da nossa. Os beijos caninos sempre incluem uma língua molhada! Se vocês lambessem a nossa cara, como gostamos de fazer com vocês, entenderíamos instantaneamente o que estão expressando. Não seria necessária nenhuma tradução! A maioria de nós tem de aprender a receber beijos humanos. Felizmente, estamos dispostos a compreender o amor que existe por trás dos beijos, por isso logo aprendemos o seu significado.

As suas emoções mudam conforme as nossas, para nos apoiar ou nos espelhar?

Lembramos vocês do quanto a vida é realmente prazerosa.

R: Às vezes, optamos por espelhar as suas emoções para ajudá-los a ver a si mesmos e as suas escolhas. Outras vezes, sentimos que vocês precisam ser lembrados de quanto a vida é realmente prazerosa. Quando vocês estão deprimidos, no fundo do poço, sentimos que é importante ajudá-los a encontrar a luz. Para isso podemos agir como bobos, arrastar nossos brinquedos pela casa, ou a nossa guia, qualquer coisa, só para ajudá-los a mexer o corpo, rir, mudar de energia e a lembrar que, se prestarem atenção ao cão da sua vida, não conseguirão ficar tristes por muito tempo.

Que gosto vocês sentem quando nos lambem?

As lambidas são uma das maneiras que usamos para cumprimentar os membros da família.

R: A lambida equivale ao beijo humano. Lambemos vocês como um sinal de afeto, para chamar a atenção ou só para expressar o amor que sentimos. Cada pessoa tem um gosto diferente, mas nunca confundimos o gosto de vocês com o gosto de comida. Às vezes lambemos a sua mão depois que vocês tocam uma comida deliciosa. Às vezes damos lambidas para limpá-los, ou para acalmá-los. Às vezes ficamos com obsessão por lambidas. Isso é geralmente um sinal de desequilíbrio emocional. Talvez seja solidão, tédio ou falta do que fazer. Esse tipo de lambida pode acabar se transformando num mau hábito. Se vocês sentirem que estamos lambendo demais, perguntem-nos o que estamos tentando lhes comunicar. Vejam se a causa não pode ser solidão ou tédio.

Às vezes lambemos vocês não para mostrar que temos um problema, mas para voltar a sua atenção para o seu próprio problema emocional. Podemos estar tentando levá-los a olhar para a sua própria solidão ou insatisfação. Talvez vocês estejam precisando de um toque carinhoso, de beijos e de afeição. Pensem nisso se estivermos exagerando nas lambidas e analisem essas possibilidades.

Por que vocês gostam de algumas pessoas e deixam bem claro que não gostam de outras?

*Sabemos avaliar
muito bem um caráter.*

R: Quando entramos em contato com o campo energético do ser humano, podemos perceber com nitidez quais são as suas preferências, os seus desejos e as suas motivações. Quando uma pessoa está com raiva, tem segundas intenções ou sente medo, podemos reagir com uma atitude defensiva ou até agressiva. É por isso que muitos de vocês reconhecem a capacidade que temos de avaliar o caráter humano. Além de sentir uma ameaça velada vinda de uma pessoa, assim como vocês, também captamos certas energias e repelimos outras. Raramente ficamos perto de alguém cujas energias são incompatíveis com as nossas, porque essa incompatibilidade torna difícil ou impossível um relacionamento de amor incondicional entre nós.

No entanto, às vezes nos atiramos sobre alguém que não gosta de nós porque sabemos que essa pessoa precisa, mais do que tudo, do nosso amor! Sabemos que a alma dela está em harmonia com a nossa, embora a sua personalidade pense o contrário.

Por que alguns cães escolhem ficar com donos que os maltratam ou os treinam para brigar?

Vocês precisam entender a nossa missão.

R: Pelo fato de termos concordado em acompanhá-los nas suas jornadas de vida, muitas vezes ficamos à mercê de vocês, por assim dizer. Concordamos em ficar ao seu lado para ajudá-los, mas algumas pessoas abusam da confiança que depositamos em vocês e se aproveitam dela, assim como fazem com outros da própria espécie. Essas pessoas estão desequilibradas, solitárias e confusas. Seres que agem com crueldade, pelo motivo que for, estão desorientados. Não estão se comportando como seres humanos e nem estão vivendo segundo os princípios que todas as religiões pregam. Eles se esqueceram do que realmente significa o amor.

A nossa missão é servir, mas muitas vezes, por causa do sofrimento e da ganância humanas, essa missão fica distorcida. Acabamos manifestando as mesmas deficiências daqueles que nos maltratam. Acabamos ficando desconectados e perdidos, sem saber que podemos mudar a situação. Ficamos literalmente empacados – do ponto de vista físico e espiritual –, assim como estão esses seres humanos. Alguns de nós vislumbram um lampejo de amor e tentam fugir em busca da liberdade. Mas, se somos um pitbull fugitivo ou um cão de briga em busca de amor, a eutanásia é muitas vezes a nossa única recompensa.

Lembrem-se, se vocês não conseguem nos aceitar e sentem que a única saída é a eutanásia, a única maneira de nos ajudar a interromper o ciclo de maus-tratos é nos mandar para os braços do Criador com todo amor que vocês podem nos dar. Não fiquem insensíveis nem sintam dó, raiva ou tristeza na hora da nossa passagem, ou provavelmente voltaremos com essa mesma energia. Vocês têm capacidade para ajudar a nos libertar. Nunca se esqueçam de que o amor é a resposta para pôr um ponto final no ciclo de maus-tratos.

Se vocês amam a sua família humana, por que às vezes fogem de casa?

Descendemos dos lobos.

R: Uma das características dos nossos ancestrais é gostar de vagar por aí. Fomos feitos para caminhar quilômetros em busca de alimento, se necessário. Alguns dos meus irmãos e irmãs têm o que vocês chamariam de "um pé na estrada". Os huskies têm uma necessidade profunda de liberdade. Nossa memória lupina, aliada ao fato de alguns de nós terem sido treinados para puxar trenós, faz com que tenhamos uma grande vontade de perambular por aí e ter liberdade de vez em quando. Nenhuma cerca, elétrica ou de outro tipo, pode nos segurar dentro de casa quando temos vontade de sair. As pessoas que nos amam e nos compreendem respeitam a nossa ânsia de liberdade e fazem o melhor que podem para que nos sintamos livres. Também lembramos o ser humano sobre a importância de sair por aí sem destino de vez em quando. Todo mundo precisa de um pouco de liberdade às vezes!

Uma vez ou outra, precisamos de um tempo para descansar das exigências da vida em família. Precisamos correr ou perambular um pouco para nos exercitar, explorar, sentir o vento nas orelhas – ser totalmente livres por um momento. É egoísmo, sabemos disso, mas nos ajuda a restabelecer o contato com a Terra. Depois disso, nós nos sentimos mais capazes de nos reintegrar à nossa família humana.

Às vezes, perambular ou correr por aí nos separa de vocês de um jeito que não é bom nem para vocês nem para nós. Se ficamos muito distraídos, relacionando-nos com a natureza, nós acabamos nos ligando ao nosso eu mais selvagem. Isso pode nos distrair da nossa missão com as pessoas e nos colocar numa zona intermediária entre a sociedade humana e a vida selvagem. Podemos nos tornar feras. Portanto, às vezes ficamos perdidos, num sentido espiritual também. A nossa missão é tomar parte da jornada humana, não nos separarmos dela. Em geral, o amor de uma pessoa dedicada nos toca e nos põe de volta nos trilhos.

Cada um de nós tem de escolher o seu próprio equilíbrio entre responsabilidade e liberdade.

O que vocês sentem durante os nossos longos dias de trabalho e como os enfrentam?

O contato com vocês faz uma grande diferença.

R: Isso depende de muitas coisas, como, por exemplo, se nos sentimos bem ou não quando ficamos sozinhos. Como já dissemos, somos seres sociais. Estamos acostumados a conviver com outros da nossa espécie ou com famílias humanas. A solidão não é natural nem fácil para nenhum de nós. Alguns de nós ficam realmente deprimidos. Outros manifestam todos os tipos de ansiedade. Há também aqueles que ficam tristes e quietos. Há outros que entram em pânico e tornam-se destrutivos. Alguns se acostumam a ficar sozinhos, mas, a menos que estejam precisando de um descanso temporário ou se recuperando de uma doença, nunca chegam a gostar muito disso.

As experiências passadas também influenciam o modo como nos sentimos quando estamos sozinhos. Se fomos abandonados ou negligenciados pela pessoa com quem convivíamos antes, o fato de ficarmos sozinhos despertará em nós algumas lembranças antigas. Se recebemos estímulos demais, ficar sozinhos pode ser bom. Porém, depois que descansamos ou nos sentimos à vontade no nosso novo lar, em geral queremos ficar na companhia de outras pessoas ou cães.

A maioria de nós se sente muito melhor quando tem companhia. A nossa primeira opção é geralmente um cachorro. Mas aprendemos a apreciar a companhia de um gato compreensivo, um pássaro, um ferret, uma tartaruga, uma cobra ou até um porquinho-da-índia. Assim como é importante manter contato conosco quando vocês estão viajando, também é importante manterem esse contato quando passam o dia fora. Pensem em nós com amor e alegria durante o dia e sentiremos o seu amor e seremos gratos por esse contato. Se antes, durante ou depois de saírem vocês sentirem preocupação, culpa ou tristeza por causa da nossa separação, vocês reforçarão ou até provocarão esses mesmos sentimentos em nós. Por outro lado, se forem claros, positivos, animados e decididos quando saírem, nós nos sentiremos amparados e positivos.

O nosso senso de dever também é um fator importante quando ficamos sozinhos. Se fomos criados para desempenhar uma determinada função, temos um senso de dever ou responsabilidade muito desenvolvida. Se nos disserem que nosso trabalho é guardar a casa e garantir a ordem enquanto nossa família está fora, teremos algo importante a fazer enquanto isso. Alguns cães realmente precisam que alguém lhes atribua uma tarefa antes de sair, enquanto outros ficam satisfeitos em dormir. Todos nós temos um forte instinto de guarda, mas alguns mais do que outros. Afinal de contas, o fato de ser um cão de guarda é uma das principais razões que levam as pessoas a nos tornar parte da família ou da tribo.

Saibam comunicar com clareza o que vocês querem que façamos. Digam-nos o que querem, como, por exemplo, "Fique no chão ou na sua cama. Mastigue os seus brinquedos e os seus ossos". Por favor, não diga, "Fique fora do sofá" ou "Não mastigue o controle remoto". Se vocês falarem assim, tudo o que faremos é pensar no sofá ou em quanto seria interessante mastigar o controle remoto. Digam-nos quando voltarão para casa e o que faremos então.

O que vocês vão encontrar ao voltar para casa? Se a rotina diária inclui um belo passeio ou uma sessão de brincadeiras no final do dia, com certeza ficaremos esperando ansiosamente a chegada de vocês. Não vamos estar ansiosos, apenas empolgados. Se vocês voltarem para casa cansados e sem forças para mais nada, só querendo paz e silêncio, mas estivermos prontos para brincar, nós todos acabaremos ficando frustrados. Um de nós precisa fazer uma mudança no horário para que entremos na mesma sintonia. Espero que vocês estejam dispostos a conciliar as suas necessidades com as nossas.

Como os cães se sentem ajudando pessoas cegas, surdas ou deficientes?

Isso pode nos proporcionar uma grande satisfação.

R: Normalmente, gostamos muito de ajudar pessoas com necessidades especiais. Só é importante saber que alguns cães cumprem essa tarefa com mais desenvoltura do que outros. Cada cão tem um dom diferente. Vocês sabem que os labradores e os pastores-alemães geralmente se ajustam melhor à função de guias de cegos, surdos e deficientes, embora muitos cães sem raça definida, assim como outros indivíduos, têm essa habilidade também. A chave para o sucesso é encontrar o cão certo para cada pessoa. As pessoas deficientes que têm cães-guias em geral gostam deles e lhes são gratos. No entanto, algumas dizem que querem um cão para ajudá-los, mas acabam despejando toda a sua raiva e frustração sobre eles. Isso é uma grande tragédia para todos os envolvidos.

As pessoas especializadas no adestramento e encaminhamentos de cães-guias precisam saber muito bem o que estão fazendo. Vocês estão adestrando um cão para ser um escravo ou um parceiro do ser humano? Vocês selecionam bem as pessoas que receberão os cães para terem certeza de que serão gentis com eles? Um cão treinado para esse tipo de serviço concordou em assumir essa grande responsabilidade, que consiste num nível avançado de serviço. Se ele falhar, provavelmente se lembrará disso por muito tempo, talvez por vidas e vidas. Ele sabe que fracassou quando é afastado da pessoa a quem deveria ajudar. Se ninguém lhe explica por que está sendo afastado, o mais provável é que deduza que falhou. Alguns cães nunca chegam a se recuperar desse golpe. Se vocês são responsáveis pelo adestramento ou encaminhamento de cães-guias, o seu compromisso com o princípio do respeito e da parceria mútuas pode fazer a diferença entre uma vida de sofrimento ou uma vida de alegria tanto para o cão quanto para o ser humano. Essa compreensão possibilitará relacionamentos benéficos para ambos e parcerias mais positivas.

Os seres humanos com deficiências são almas fortes e grandiosas que optaram por passar por essa experiência difícil para aprender e se desenvolver de maneiras inviáveis para as pessoas sem deficiências. Os deficientes não têm menos valor do que as outras pessoas. Em muitos casos, eles são muito mais especiais! A alma deles compreende o caminho desafiador e gratificante que escolheram, embora a sua personalidade possa se deixar levar por sentimentos de inferioridade, inveja, vitimismo, raiva, ressentimento e frustração. Esses sentimentos são obstáculos ao crescimento e à evolução e, certamente, trazem muita dor. A tarefa do cão não é simplesmente ajudar a pessoa a lidar com a sua deficiência física, mas também lembrá-la de que ela pode representar muito mais que dor e frustração. Todo dia somos exemplos de compaixão, paciência, persistência, alegria e amor. Lembramos às pessoas de que elas são muito mais do que os seus corpos. Lembramo-nas de ter compaixão por si mesmas. Nós amamos vocês incondicionalmente, pelo seu espírito e pelo amor que existe entre nós; a deficiência física não diminui esse amor. Ajudamos vocês a não ter medo da dependência, da incapacidade e às vezes até da morte. Trazemos paz e amor. Quando nosso dono reconhece essas dádivas, o ciclo se completa e a cura acontece nos níveis mais importantes.

Aqueles de vocês que optaram por treinar cães-guias ou que estão encarregados de encaminhá-los às pessoas deficientes têm a responsabilidade sagrada de iniciar uma parceria que possa transformar e beneficiar vidas. Lembrem-se sempre disso.

Vocês gostariam de não precisar contar tanto com os seres humanos, e ter mais liberdade e independência?

R: Ah, não. O nosso destino está ligado ao de vocês. Estamos nisso juntos, para o que der e vier.

Como os cães e os seres humanos forjaram esse laço que hoje nos liga?

Isso teve início há muito tempo atrás e em várias partes do mundo ao mesmo tempo.

R: Muitas pessoas ao redor do mundo optaram por ter a companhia dos lobos. Depois fizeram uma criação seletiva, com o consentimento dos animais, para que aprendessem a executar determinadas tarefas. Nos desertos africanos, os galgos passaram a ajudar os seres humanos na caça. Nossos crânios estreitos se desenvolveram para nos proporcionar aerodinâmica e a capacidade de capturar e comer pequenas presas, coelhos, roedores e passarinhos. Nossos pulmões também se adaptaram para correr. Nas montanhas geladas da Europa, precisamos de mais pêlo e massa muscular. Nossa cabeça e mandíbulas se tornaram mais proeminentes e angulosas do que as dos nossos primos do deserto, porque nós caçávamos animais maiores, como ursos, porcos selvagens e veados. Nosso corpo se desenvolveu de modo a se adaptar ao clima e à presa, e também para que pudéssemos executar com mais eficiência as nossas tarefas.

Por que eu amo mais os cães do que a maioria dos seres humanos com quem convivo?

Porque somos descomplicados.

R: O amor incondicional é a nossa dádiva. Nós os amamos sem nos importar em saber quanto dinheiro vocês têm, onde moram ou qual o número do seu manequim. Com lealdade e devoção, nós lhes damos um exemplo de compromisso. Com confiança absoluta e alegria descompromissada, mostramos quem vocês podem ser. Como um tapete sob os seus pés, que amortece todas as agruras da vida, ajudamos vocês a se sentirem mais seguros no mundo em que vivem. Oferecendo o nosso amor e aceitando o nosso, mostramos que vocês são pessoas dignas de amor. Essas são as nossas prioridades.

A maioria dos seres humanos ainda não aprendeu a ser tão descomplicada. A maioria ainda vive com medo. Vocês têm medo da mudança, têm medo de permanecerem iguais. Têm medo de defender a sua opinião, têm medo de não atender às expectativas dos outros. Vocês querem ter prestígio e ser respeitados, mas não conseguem dar tudo isso a si mesmos. Vocês acumulam coisas para preencher o vazio que têm no coração. Todo esse medo e essa bagagem emocional só servem para criar obstáculos entre vocês e as outras pessoas. Obstáculos criam separação. Separação é solidão. Solidão é isolamento. A separação leva à carência. A carência complica os relacionamentos humanos.

Aceitem a vida como nós aceitamos e as outras pessoas apreciarão a sua companhia. Amem e aproveitem a companhia uns dos outros incondicionalmente, assim como aproveitamos a de vocês. Vivam no presente e façam com que ele seja espetacular. Vocês começarão a descobrir que um momento bom os liga a outro, e mais outro e mais outro...

vocês, outros cães e outros *animais*

capítulo cinco

"Compre um filhote e o seu dinheiro comprará um amor inquebrantável."
— Rudyard Kipling

Por que, em nossos passeios, vocês latem ou rosnam para alguns cães, encaram outros com indiferença e parecem querer brincar com alguns?

O protocolo canino, baseado no jeito de ser dos nossos ancestrais lobos, tem muito a ver com o modo como agimos uns com os outros.

R: Numa matilha de lobos, cada membro tem uma posição hierárquica. Quando nos aproximamos uns dos outros enviamos sinais sobre a nossa posição na família (humana) e sobre o modo como gostaríamos de ser tratados pelos outros cães. Nós carregamos essas informações no nosso campo energético. Alguns de nós fazem mais questão de enviar esses sinais. Geralmente, os que precisam se sobressair para ter o respeito dos outros, exigem que todos sigam o protocolo.

Quando o nosso campo energético se encontra com outro, há uma enorme troca de informações. Sentimos qual é o estado emocional desse outro campo naquele momento. Percebemos como é o relacionamento que ele tem com a pessoa com quem está. Sabemos quem precisa ser o dominante, quem quer apenas brincar, quem está com medo, estressado, pouco à vontade ou infeliz. Percebemos qual é a idade do outro cão, a sua raça e muitas vezes com que ele mais se preocupa – tudo isso numa fração de segundo. Se a nossa energia combina com a do outro, nós nos aproximamos, nos cheiramos e decidimos se vamos brincar ou simplesmente continuar nosso passeio. Se sentimos uma energia incompatível ou ameaçadora, reagimos fisicamente mandando sinais de advertência – latindo, choramingando, rosnando e/ou investindo contra o oponente, se nos sentirmos desconfortáveis ou ameaçados.

O nosso estado físico, mental e emocional influencia a nossa percepção das coisas, assim como acontece com vocês. Se não estamos nos sentindo bem, podemos ficar rabugentos com os outros cães, mesmo com aqueles de quem parecemos gostar. Se não nos sentimos à vontade na presença de outros cães, mandamos sinais de advertência com o nosso campo de energia que podem de fato causar conflitos. Às vezes fazemos isso para provar que podemos proteger vocês. Outras vezes para manter os outros cães afastados, mesmo que pudéssemos nos divertir brincando com eles. Muitas vezes, a nossa prioridade é fazer vocês se sentirem protegidos.

Por que os cães cheiram o traseiro uns dos outros?

Isso nos faz descobrir muitas coisas.

R: Os cães têm glândulas odoríferas na região anal. Usamos essas glândulas para marcar nosso território, nossos pertences, tudo de que gostamos. A região anal mostra rapidamente o nosso interesse ou desinteresse sexual. Ao cheirar o traseiro de um cão, descobrimos se ele andou comendo ou fazendo cocô. Descobrimos se ele está feliz ou se está estressado. Também sabemos como está o seu estado de saúde. Em resumo, descobrimos muitas coisas com uma cheiradinha rápida.

Algumas raças de cães são mais cruéis do que outras?

A criação é um fator importante.

R: Alguns de nós foram criados para serem ferozes cães de guarda, briguentos e protetores. Os cães que foram criados com essas características usam-nas para proteger. Repito, nenhum de nós é cruel por natureza. O amor e a ternura são retribuídos da mesma forma. A crueldade acontece quando somos criados para ser ferozes ou para mostrar uma resistência feroz. Será que nesse caso estamos sendo cruéis ou reagindo de acordo com o que esperam de nós?

O nosso instinto natural é guardar e proteger a nossa família – canina e humana. Se achamos que alguém que amamos está sendo ameaçado, geralmente fazemos alguma coisa a respeito. Se somos maduros, equilibrados e saudáveis, nossa capacidade de julgar se uma situação é perigosa ou não é excelente. No entanto, se não somos treinados para usar o nosso julgamento ou se alguém nos adestrou para ver até a situação mais inocente como uma ameaça de vida ou morte, podemos ter aprendido a atacar e matar. Nossa lealdade às pessoas com quem temos laços de afeto é usada como instrumento para nos manipular e para nos fazer machucar aqueles que só gostaríamos de amar.

    Às vezes nós nos tornamos cães assassinos porque aprendemos a ter medo. Normalmente esse medo surge quando uma pessoa nos negligencia ou nos maltrata. Nós não somos medrosos, agressivos, cruéis ou assassinos por natureza. As pessoas nos treinam para ser assim. É muito triste ser usado dessa maneira, mas, infelizmente, até que o ser humano decida parar de nos usar para causar mal, somos obrigados a continuar. Lembrem-se, a nossa missão é ajudar as pessoas. Vocês têm livre-arbítrio e podem usar as suas habilidades para ajudar ou para ferir. Cabe a vocês decidir que tipo de companheiro quer que sejamos.

É verdade que as raças de trabalho são mais felizes quando podem desempenhar a função para a qual foram criadas?

Normalmente é.

R: Se somos criados para pastorear ovelhas ou o gado, nós nos sentimos realmente bem quando fazemos isso. Se pertencemos a uma raça de serviço, como o pastor alemão, o labrador, o são-bernardo, o border collie ou o rottweiler, precisamos ter um trabalho a realizar. A falta de estrutura, de limites ou de uma atividade útil pode deixar um cão de trabalho neurótico ou insano. Às vezes isso se manifesta como um comportamento estranho, carência ou inquietação. Outras vezes se manifesta como problemas físicos, como coceira, feridas na pele, automutilação, doenças estomacais, dificuldade para urinar ou fazer as necessidades no lugar certo e comportamento destrutivo. Se vocês não estão dispostos a nos dar uma tarefa importante ou oportunidades para fazer exercícios físicos como o *agility*, não escolham nenhuma dessas raças mencionadas acima.

Existem vários tipos de tarefas que podem deixar um cão feliz. Alguns de nós precisam de uma tarefa com a qual possam fazer exercícios físicos. Outros gostam de ajudar as pessoas, como acompanhar deficientes físicos, visitar pessoas doentes nos hospitais ou visitar idosos ou crianças em asilos e orfanatos. Desempenhamos bem essas tarefas porque sabemos e compreendemos o que essas pessoas precisam. Não se engane, aqueles de nós que são bons terapeutas têm consciência de que sua tarefa é confortar e servir. Sabemos qual criança precisa afagar nossa cabeça, enquanto as outras se divertem enlaçando o nosso pescoço e enterrando o rostinho feliz no nosso pêlo macio. Nós damos deliberadamente o que é necessário ou solicitado. Vocês podem ver o resultado no rosto daqueles que recebem o nosso amor.

Alguns de nós contentam-se com tarefas simples, especialmente quando são mais velhos. Podemos ficar bem felizes guardando a casa enquanto a família está fora. A chave para ajudar a nos sentirmos mais úteis é nos pedir para fazer algo por vocês, e sempre reconhecer a nossa contribuição. Um simples "Muito obrigado por cuidar da nossa casa", acompanhado de um afago na cabeça, já é mais do que o suficiente.

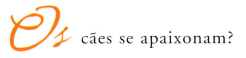
Os cães se apaixonam?

Sim, se apaixonam.

R: Assim como você, somos feitos para buscar e encontrar a companhia perfeita. Numa matilha de lobos, o par alfa escolhe o seu companheiro pela força, pela compatibilidade e pelo amor. Eles também pensam sobre o futuro da alcatéia e sobre a energia que os filhotes terão. Levam em conta se a combinação de energias dará origem a uma ninhada saudável e equilibrada. O amor romântico realmente acontece entre nós. Às vezes, quando não há outros parceiros caninos por perto, projetamos nosso amor numa pessoa. Compreendemos que esse amor não será correspondido da mesma maneira e que não tem a ver com procriação, mas sim com parceria verdadeira, na qual compartilhamos um só coração.

Por que vocês uivam?

O uivo restabelece a nossa ligação.

R: Trata-se de uma forma especial de expressão canina. Alguns de nós gostam mais de uivar do que outros. Há cães que não resistem a uma boa uivada. Outros ficam constrangidos quando as pessoas os "surpreendem" uivando. É uma coisa pessoal. Nós uivamos para fazer contato com outros cães. Uivamos porque gostamos do som do uivo. Uivamos de tristeza, de solidão, de felicidade. Uivar em bando é algo que volta a nos ligar com as nossas memórias coletivas. Nossos ancestrais lobos uivavam por todas essas razões, assim como para se comunicar com todos os animais que estivessem perto o bastante para ouvir o uivo. Eles uivam para lembrar a todos de que devem ser o melhor que podem. Parte da missão do lobo é dar a todos nós um exemplo de grande integridade. Quando os lobos uivam, eles chamam a atenção de todo mundo. Os sons que fazem são magníficos. Eles falam de integridade, lembrando a todos de que devem encontrar, manter e defender o chamado da sua alma, não importa qual seja. Houve um tempo em que os seres humanos sabiam que o lobo carregava o estigma sagrado da integridade. Se eles se dispusessem a seguir o caminho do lobo, seriam seres absoluta e incondicionalmente confiáveis, assim como esse animal.

Por que os cães perseguem os gatos?

Se eles agem como presas, temos de agir como predadores.

R: Ah, por tantos motivos! Os gatos são pequenos e correm. Para a maioria de nós, é quase impossível não perseguir um animal pequeno, correndo de nós. O instinto nos impulsiona a perseguir um animalzinho em disparada porque ele poderia ser a nossa próxima refeição. Os gatos que defendem o seu território e nos desafiam são outra história. Eles mostram que seriam capazes de partir para a briga se necessário. A maioria de nós pára para pensar se seria sensato brigar contra um ser feroz que investe contra nós como se fosse um adversário muito maior. Muitas vezes pensamos duas vezes antes de atacar e recuamos. Depois que um gato faz isso conosco, geralmente passamos a olhá-lo com mais respeito. Os demais provavelmente têm de conquistar o nosso respeito, embora alguns cães respeitem todos os gatos, porque o primeiro que encontramos pela frente defendeu o seu território e, principalmente, os atacou ou pelo menos tentou.

Às vezes, o gato não nos assusta e corremos em seu encalço para brincar. Podem apostar que esse é o caso quando o gato já mostrou em outras ocasiões o seu afeto por nós e não se sente nem um pouco incomodado com a nossa presença. Um gato que se esconde de nós ou que se assusta com a nossa proximidade nos leva a pensar que ele nos considera predadores. Se ele age como uma presa, é quase impossível não agirmos como seus predadores.

O que podemos fazer para que vocês parem de perseguir um gato?

Deve dizer a nós e ao gato o que espera de nós e nos dar um reforço positivo.

R: Primeiro vocês têm de explicar que querem que cães e gatos se dêem bem na sua casa. Devem dizer a nós e ao gato o que esperam de nós. Estabeleçam regras e limites e se aferrem a eles. Nós e o gato precisamos de causa e efeito. Por exemplo, digam-nos, "Quero que você deixe o gato em paz. Então, quando ele estiver na sala, quero que você fique sentado ao meu lado". Vocês terão de reforçar isso no início. Petiscos ajudam, pois a maioria de nós prefere comida instantânea, em vez de uma comida que temos de perseguir e capturar! Os petiscos em geral nos distraem por tempo suficiente para que o gato fuja e nossa atenção se desvie dele e se volte para vocês. Alguns de nós demoram um pouco mais para aprender do que outros. Teremos de praticar isso juntos por um tempo para que o nosso comportamento realmente mude. Para que esse novo relacionamento seja duradouro, o gato também tem de concordar em mudar. Mas não esperem muito de nós, pois não somos amigos naturais. Às vezes, o melhor que conseguimos é conviver em relativa neutralidade. Outras vezes, especialmente se nos conhecemos quando éramos filhotes, acabamos ficando amigos. O mais importante é vocês nos dizerem o que querem e nos ajudar a fazer isso por meio do reforço positivo.

Qual é a graça de perseguir passarinhos e esquilos sem ter nenhuma chance de pegá-los?

A esperança é a última que morre!

R: Nós sempre damos tudo de nós por pura diversão! Para alguns de nós, o prazer de uma perseguição e de um repentino bater de asas é o bastante para nos divertir. Alguns de nós de fato ficariam horrorizados só de pensar em capturar um pássaro. Outros fazem disso uma profissão! Os predadores sabem que precisam tentar várias vezes para pegar um esquilo. Somos feitos para nunca desistir antes de conseguir o que queremos. Quando não conseguimos, não sentimos exatamente o que vocês chamariam de desapontamento. Sabemos que perder faz parte do jogo. Só não desistimos. É essa persistência que inspira muitos de vocês a fazer o mesmo quando perseguem seus sonhos e objetivos. Quando os inspiramos a serem grandiosos, nós nos sentimos extremamente felizes e realizados!

por que
os cães são do jeito que são?

capítulo seis

"Não importa se você tem pouco dinheiro ou poucas posses, ter um cachorro faz de você um homem rico."
— Louis Sabin

Por que vocês latem?

Por que vocês, humanos, falam?
Para se expressar!

R: Latimos por diversas razões. Latir, ganir, choramingar são maneiras de nos expressarmos, de comunicarmos coisas simples como, "Estou com fome. Preciso sair ou preciso entrar. Estou assustado. Estou preocupado. Estou triste. Estou empolgado. Estou me divertindo a valer. Venha cá. Há alguém na porta. Perigo. Amigo. Inimigo. Socorro!" Como podem ver, usamos a nossa voz sempre que precisamos chamar a atenção rapidamente. Às vezes começamos a latir sem parar e não conseguimos nos conter. Vocês já encontraram um ser humano que faça o mesmo? Que começa a falar e parece que nunca mais vai parar?

Muitas vezes, quando o latido se torna uma obsessão, precisamos de ajuda para conseguir parar. Isso acontece quando ficamos muito tempo sozinhos e estamos em desespero e nos sentindo solitários. Às vezes, latimos porque estamos aborrecidos. Ou porque estamos zangados. Às vezes latimos porque achamos que assim vocês vão se sentir mais seguros e protegidos.

Como podemos ajudá-los a perceber que queremos que vocês parem de latir?

Digam-nos o que querem que façamos, não o que não querem.

R: Primeiro, vocês precisam entender por que estamos latindo. Procurem perceber se vocês estão nos passando mensagens claras ou dúbias. Por exemplo, se vocês se sentem inseguros quando a campainha toca, correremos para a porta para dizer a quem quer que esteja lá de que estamos ali para proteger vocês, o nosso dono. Se vocês nos dizem, "Não, pare de latir!", mas percebemos que ainda estão inseguros, não conseguimos entender o que acontece com vocês. Se vocês nos dizem (e sentem), "Está tudo bem. Eu me sinto seguro. Sente-se aqui ao meu lado", entendemos muito melhor. Além disso, vocês estão nos dizendo o que querem de nós, não o que não querem.

Por que gostam tanto de rolar em cima de coisas malcheirosas?

Porque é muito bom!

R: Coisas malcheirosas? Vocês devem estar se referindo ao que, para os seres humanos, é realmente fedido. Bem, há uma grande diferença entre o que vocês acham fedido e o que nós achamos. Coloquemos desta forma: o olfato dos cães é pelo menos cinco vezes mais complexo que o dos seres humanos. Por exemplo, se vocês nos derem um osso feito de couro cru, podemos dizer qual é o cheiro do metal usado para cortar o couro, as substâncias químicas e o método de decomposição usados para curti-lo, a idade da vaca e até o medo ou a dor que ela sentiu quando morreu. Por que comemos uma coisa dessas? Porque fomos criados para comer coisas mortas e adoramos mastigá-las.

Rolar em coisas malcheirosas nos dá um enorme prazer. É como passar perfume, para vocês. Quando outro cão se aproximar de nós, ele nos cheirará e sentirá o cheiro da coisa malcheirosa em que rolamos e dividirá conosco o prazer dessa grande experiência!

Por que vocês têm mau hálito?

Quem disse que temos mau hálito?!

R: Assim como a beleza está nos olhos de quem vê, o mesmo pode-se dizer do hálito. Como somos carnívoros e comedores de carniça, o nosso hálito é diferente do de vocês. O que uma criatura come influencia muito o odor do seu hálito. Para nós, o nosso hálito é muito bom. Vocês já sentiram o hálito de um leão? Ou de uma hiena? Vão descobrir que o hálito de um cão é quase perfumado! Às vezes temos mau hálito por causa de um desequilíbrio no nível de açúcar no sangue. Fomos feitos para comer carne, não cereais. Quando ingerimos a quantidade certa de proteínas e vegetais, nosso hálito é perfeito. Vocês podem preferir um hálito perfumado de hortelã, mas não é esse o hálito que um cão deve ter. Em certos casos, porém, o mau hálito é um sinal de problemas de saúde. Os cães sentem a diferença entre um cão saudável e um cão doente pelo hálito. Sentimos a diferença entre o mau hálito causado por problemas dentários e o mau hálito causado por problemas digestivos ou por algo que não está funcionando bem. Podemos até ensiná-los a detectar problemas de saúde ou desequilíbrios alimentares pelo nosso hálito. O nosso olfato é mais bem equipado do que o de vocês para isso, mas podemos aprender a trabalhar juntos para ajudá-los a identificar doenças por meio do hálito de uma pessoa.

O mais importante é que existem tipos diferentes de mau hálito. Aprendam a distinguir as diferenças chegando bem perto de nós. Cheirem o nosso hálito. Se não for extremamente desagradável, provavelmente não há nada de errado conosco. Se vocês sentirem uma mudança no nosso hálito, um odor metálico ou meio adocicado, é bem provável que não estejamos muito bem. Geralmente um jejum resolve o problema, caso tenhamos comido algo indigesto, mas às vezes precisamos de ajuda para voltar ao estado normal.

Por que sempre associamos os cães a ossos?

Porque sabemos aproveitar os nutrientes valiosos que os ossos têm.

R: Isso remonta a tempos antigos em que ficávamos ao redor de fogueiras, na companhia dos seres humanos. Eles davam os ossos para nós, especialmente se tivéssemos cooperado com eles na caça. Como os nossos dentes são mais apropriados para raspar do que os dentes humanos, conseguíamos tirar toda carne presa aos ossos. A menos que os homens esmagassem os ossos, eles não conseguiam tirar de dentro deles o tutano. Os cães são especialistas em raspar, triturar e comer ossos. Depois de se certificar que havia o suficiente para todo mundo, as pessoas nos davam os ossos porque conseguíamos comê-los e limpá-los com muito mais facilidade. Também somos o que chamam de comedores de carniça. Isso significa que ficamos felizes comendo carne de animais mortos. Os ossos ficam à mostra quando a carne está em decomposição. E os cães sabem como aproveitar os nutrientes que existem dentro deles.

Por que vocês enterram os ossos e às vezes os seus brinquedos?

Guardamos para os dias chuvosos.

R: A Mãe Natureza nos ensinou a comer o que necessitamos, mas sempre procuramos guardar um pouquinho para mais tarde. Para os cães não é problema comer algo que estava enterrado ou que não esteja tão fresco. Somos oportunistas. Comemos muita coisa que outros animais desprezam. Cavar e enterrar coisas é algo que está profundamente codificado no nosso cérebro. Aqueles de nós criados para caçar criaturas que vivem em tocas são os que mais gostam de cavar.

Enterrar brinquedos é uma extensão de enterrar a comida. Desse jeito, sempre temos alguma coisa divertida reservada para mais tarde. Praticidade e diversão devem andar sempre juntas.

Por que vocês sacodem os brinquedos e rosnam para eles?

*Fingimos que o brinquedo
é a nossa presa.*

R: Ao sacudir um brinquedo, como um bicho de pelúcia ou uma meia, estamos imitando o modo como matamos pequenos animais. Quando o sacudimos, quebramos o pescoço do brinquedo, por assim dizer. Sabemos que os brinquedos não são criaturas vivas, mas é muito divertido imaginar que são! Às vezes, vocês nos vêem rastejando silenciosamente na direção dos nossos brinquedos, rosnando para eles e depois atirando-os no ar antes de sacudi-los até a morte. Isso significa que estamos brincando de matar, e é bem divertido!

Por que vocês adoram meias?

As suas meias nos dizem muito sobre vocês.

R: Como vocês já devem ter notado, as meias têm o cheiro característico dos seus pés. O suor dos seus pés tem um cheiro diferente do suor de outras partes do seu corpo e associamos esse cheiro a vocês. Na verdade, adoramos roupas de baixo e camisetas também, porque elas têm um cheiro maravilhoso. Assim como cheiramos o traseiro dos outros cães para saber mais sobre eles, as suas meias dizem muito acerca de vocês. Odores diversos revelam que tipo de comida vocês andam comendo, o quanto vocês estão estressados e outras coisas sobre o que anda acontecendo com vocês. O cheiro da meia também depende do tipo de material com que ela é feita. Como adoramos coisas malcheirosas, quanto mais fedidas estiverem as suas meias, mais gostamos delas. Também gostamos dos seus formatos e tamanhos. Uma meia bem fedida pode ser um ótimo substituto para um animal morto. Gostamos de brincar que estamos matando um animal sacudindo as meias com toda a força. A imaginação de fato ajuda a aumentar o nosso gosto pelas meias!

É de pura alegria que vocês correm e pulam em meio ao capim alto?

Trata-se de uma experiência gloriosa de conexão com a vida!

R: Todo instante nos reserva uma nova dádiva de alegria. Correr e pular em meio ao capim alto é um exercício para o nosso corpo e para os nossos sentidos também. Nós nos reconectamos com as plantas, com as árvores, com a terra sob as nossas quatro patas. Sentimos a brisa no pêlo e na pele. Trata-se de uma experiência gloriosa de conexão com a vida! Experimentem de vez em quando. Entreguem-se a uma boa corrida em meio ao capim alto. Respirem fundo e sintam como é o perfume de estar vivo!

Vocês se sentem bem quando abanam o rabo?

Muito bem!

R: Abanar o rabo não é só uma expressão de alegria, isso espalha a alegria pelo nosso corpo todo. É maravilhoso sentir a alegria atravessando o nosso corpo até chegar ao nosso traseiro. Vocês podem fazer o mesmo dançando – deixem-se levar pelo sentimento de alegria. Experimentem se entregar de corpo todo a esse sentimento e vocês saberão o que sentimos ao abanar o rabo.

Vocês vêem cores?

Sim, claro que vemos.

R: Os seres humanos uma vez dissecaram e examinaram os nossos olhos físicos e concluíram que não tínhamos capacidade para perceber cores. Como a visão de vocês é estreita! Lembrem-se de que, com os nossos sentidos, nós vemos além do físico. Podemos farejar uma cor, por acaso vocês podem? A cor é uma vibração, assim como tudo o que é físico. O vermelho tem uma vibração diferente do azul, do amarelo ou do verde. Percebemos as cores em todas as suas variedades, dimensões e combinações. O vermelho, por exemplo, não é plano, mas uma vibração rápida e agitada que é uma combinação de branco, amarelo, laranja e às vezes azul, marrom e roxo. Às vezes, na arte, vocês percebem cores como nós. As cores, para nós, são camadas de energia interagindo numa relação viva e vibrante.

Como uma espécie – a canina – pode ter uma variedade tão grande de tamanhos e formas?

Não é divertido?

R: Nós, cães domésticos, temos o mérito de ter a maior variedade dentro de uma única família do reino animal. Mas, lembrem-se, do ponto de vista biológico, até um poodle tem o mesmo DNA que um lobo da floresta. Portanto, tecnicamente, somos muito parecidos! Mas olhem para nós, na verdade existe uma variedade extraordinária de cães.

Nós concordamos em nascer com todas essas formas e tamanhos para acompanhar os seres humanos de todas as maneiras possíveis. Essa variedade incrível também possibilita que tenhamos experiências totalmente diferentes, de acordo com nossa forma e tamanho. Por exemplo, a experiência de um poodle de um quilo é completamente diferente da de um malamute de cinqüenta quilos, cuja experiência é completamente diferente da de um chihuahua ou de um cocker spaniel ou de um dachshund. Esses tipos diferentes de corpo nos permitem encarnar num que seja totalmente diferente do que tínhamos numa encarnação anterior, sem deixarmos de ser cachorro. Isso parece bem divertido, não?

Como vocês podem gostar de matar seus "brinquedos" ou até outras criaturas se o maior desejo dos cães é nos ensinar o amor incondicional?

Não adoramos matar; na verdade amamos aquilo que matamos.

R: Nunca se esqueçam de que, nesta etapa da nossa evolução, ainda somos predadores. Para nós não existe nenhuma contradição nisso. É desse jeito que a vida se apresenta para nós neste momento. O prazer de matar é, na verdade, uma atitude de gratidão. Não adoramos matar; na verdade amamos aquilo que matamos. Houve uma época em que os seres humanos sentiam a mesma coisa. Agora parece que alguns de vocês gostam de matar por puro prazer. Esse é um comportamento insano. Um lobo que mata sem sentir gratidão é abandonado pelo bando caso não consiga voltar ao equilíbrio e ao amor. Matar sem sentir gratidão pela presa e pelo seu sacrifício é um sinal de grande desequilíbrio, uma indicação de uma grave enfermidade psíquica e desconexão entre o corpo e a alma. Aqueles de vocês que sentem essa aflição precisam de uma quantidade imensa de amor incondicional para encontrar o caminho de volta ao equilíbrio.

Como os cães podem tolerar crueldade e maus-tratos e mesmo assim retribuir com amor incondicional?

Não poderíamos agir de outro modo.

R: Como já dissemos, o que nos fortalece é dar e receber amor. Se encontrarmos o amor, optaremos por ele. Como somos seres que vivem no momento presente, os maus-tratos logo são esquecidos quando recebemos amor. A crueldade de uma pessoa e os maus-tratos que ela nos impinge são um sinal de que ela sente uma grande dor. Sabemos que não podemos curar essa dor recusando-nos a dar o nosso amor. A dor só é curada quando recebe mais amor, e é isso o que fazemos.

outras coisas que os cães gostam de fazer *(ou não)*

capítulo sete

"Errar é humano, perdoar é canino."
— Anônimo

O que vocês mais gostam de fazer?

Gostamos mais do que fazemos na companhia das pessoas que amamos.

R: Brincar com elas, por exemplo. A maioria das pessoas é séria demais. Ver o quanto vocês conseguem ficar preocupados é algo que nos deixa intrigados. Os seres humanos parecem viver preocupados com o passado e o futuro. Quando incluímos vocês na brincadeira, nós os ajudamos a se libertar dos confinamentos da mente, a sair um pouco da cabeça e voltar para o corpo físico. Nós os lembramos de como se divertir!

A nossa atividade favorita varia de cachorro para cachorro, como de pessoa para pessoa. Existe uma antiga história sobre um menino que pediu ao seu cachorro para descrever sua brincadeira favorita. O cão se sentou bem quieto e começou a pensar em todas as brincadeiras que ele fazia com o menino. Pensou nos gravetos que ele atirava. Pensou nos aviõezinhos que perseguia. Pensou nos jogos de bola. Todas as brincadeiras pareciam ter a sua graça. Mas, quando o cão disse isso ao dono, este ficou triste e pediu que o cão lhe dissesse do que gostava mais.

Mais uma vez o cão foi incapaz de dizer qual era a sua brincadeira predileta. De repente o menino disse, "Você gosta quando eu jogo um pedregulho na água e você vai buscar?"

"Ah, gosto muito! É a minha predileta", respondeu o cão. "Adoro essa brincadeira." Mas, na verdade, o cachorro achava todas as brincadeiras muito divertidas. O segredo era que atirar pedregulhos para ele ir buscar era a brincadeira favorita do menino!

Alguns de nós podemos parecer, aos seus olhos, obcecados com certos tipos de atividades, como jogar bola, por exemplo, ou correr, cavar ou perseguir gatos ou carros. Essa predileção tem muito a ver com a função para a qual fomos criados. Os *retrievers* foram criados para buscar patos, o dia inteiro se preciso. Para eles, portanto, buscar bolas é natural, principalmente porque a maioria de nós não tem patos para buscar. A bola se tornou uma substituta para o pato.

Aqueles de nós que perseguem carros ou bicicletas têm uma grande necessidade de pastorear qualquer criatura em disparada. Para nós, um carro é como uma vaca ou uma ovelha. Muitas vezes a necessidade de perseguir coisas em movimento remonta aos tempos em que perseguíamos o nosso próprio alimento. Os cães que cavam geralmente foram criados para perseguir presas em suas tocas, como coelhos, roedores, texugos e outros animais semelhantes.

Vocês gostam de sessões de adestramento e de competição?

Depende do tipo de parceria que temos.

R: O adestramento pode ser uma experiência positiva ou extremamente negativa. Se o adestrador está disposto a promover o relacionamento entre pessoas e cães, e faz do aprendizado uma brincadeira, isso é ótimo! Se o objetivo do adestramento é ensinar os cães a serem submissos e as pessoas a serem autoritárias, então a experiência é terrível. Aprender a ser obediente de um modo respeitoso e carinhoso é melhor do que não receber treinamento nenhum. Somos mais felizes quando temos uma estrutura e limites bem estabelecidos. Numa matilha, o par alfa sempre dita as regras e estabelece os limites. Nós ficamos inseguros, infelizes e ansiosos quando não temos estrutura, limites nem regras coerentes. Sob a tutela de um instrutor cuidadoso, o adestramento pode aumentar a nossa autoconfiança e ajudar a estabelecer uma comunicação melhor entre nós.

A competição é uma coisa maravilhosa para cães de trabalho. Muitos de nós, especialmente os pastores australianos, os shelties, os pastores alemães e os border collies se dão muito bem na competição – caso seja uma atividade prazerosa e agrade ao dono.

A competição pelo puro prazer de competir é algo que atrai muito alguns de nós. Sabemos que algumas pessoas discordam dessa afirmação, mas pedimos que analisem melhor essa questão. Procurem perceber se não é na verdade o dono do cachorro quem gosta de competir por prazer. Se for esse o caso, então o cachorro fará o máximo para agradar ao dono. Portanto, vai parecer que o cão está competindo por prazer, mas na verdade está fazendo isso pelo dono.

Não fiquem de mau humor só por causa disso. Nós adoramos realizar tarefas por vocês e adoramos aproveitar plenamente o lindo corpo que Deus nos deu. A questão é que a competição pode ser prazerosa e divertida. Mas, se for forçado, não será nada disso. Se ele exigir demais de nós e deixar de ser prazeroso, acabaremos desistindo. Quando é divertido, é ótimo e o nosso desempenho é muito bom.

Lembrem-se de que somos seres que vivem o momento presente. Às vezes não estamos muito dispostos e não fazemos muitos pontos. Nós não vemos nossas sessões de competição como algo que tenha uma continuidade. Não compreendemos o conceito de acumular pontos para sermos campeões. Sabemos que vocês prezam muito esse conceito, mas para nós cada dia é um novo dia. Hoje não tem nada a ver com sábado passado ou com o sábado que vem. Só levamos em conta o dia de hoje. Portanto, relaxem e aproveitem o dia de hoje como nós. Não se preocupem com pontos e títulos. Essas coisas só alimentam o ego. Amamos vocês de qualquer jeito.

Qual é a melhor maneira de adestrar vocês?

Procurem criar uma parceria.

R: O adestramento funciona melhor quando vocês o encaram com a perspectiva de enriquecer a nossa vida e a de vocês também. Afinal, para que serve o adestramento? Ele não serve para criar uma parceria entre nós? Para que possamos sentir mais segurança uns nos outros? Não é para nos divertirmos, como no caso da competição? Se o objetivo do adestramento for dominação e controle, vocês não terão companheiros muito felizes e amorosos. Se estão nos adestrando com uma postura de superioridade, não estabelecerão uma parceria entre nós.

A comunicação clara é muito importante, evidentemente. Enfatizem o positivo e vocês terão um parceiro feliz e bem-disposto. Enfatizem o negativo e vocês criarão dúvida, confusão, desapontamento e insegurança.

Até que ponto vocês podem usar o toque? Isso vai depender do tipo de toque. O toque amoroso é sempre bem-vindo. O castigo físico, como bater em nós ou nos dar chutes, só servirá para gerar ressentimento e teimosia, assim como medo e desconfiança. Mostrem-nos o que vocês querem. Por exemplo, se vocês querem adestrar um filhote, precisam levá-lo para fora de casa e esperar que ele faça as suas necessidades. Depois elogiem-no profusamente num tom agudo e entusiasmado. Afaguem-no e amem-no. Ele vai entender. Mostrem-nos com a sua mão e com o seu corpo como nos sentar ou deitar. Não nos forcem a assumir essa posição empurrando-nos; apenas mostrem. O respeito é a chave aqui. Respeito e paciência. Quando dão, vocês recebem!

O que vocês sentem com relação às exposições de cães?

São algo de que vocês precisam, nós não.

R: Alguns de nós gostam de participar de exposições porque sabem que agrada ao dono ouvir elogios à sua beleza. Muitas vezes essas exposições são estressantes para nós, especialmente quando ficamos em locais fechados e o burburinho ecoa à nossa volta. Mas, como dissemos com relação à competição, não estamos interessados em ganhar pontos ou sermos campeões. Vocês precisam dessas coisas, nós não. Se estiverem nos usando para chamar atenção e obter reconhecimento, então é evidente que vocês também precisam receber de nós mais amor e atenção. Talvez seja uma boa idéia passar bons momentos na nossa companhia e menos tempo tentando chamar a atenção dos outros para nós ou para vocês.

Vocês entendem o que é um carro? Se entendem, por que tantos de vocês se ferem e morrem em atropelamentos?

Muitos cães não conseguem entender muito bem o que são carros.

R: Muitos de nós adoram andar de carro, apreciar a paisagem passando rapidamente pela janela e sair com vocês. Um carro estacionado é uma oportunidade de ir a algum lugar. Um carro em movimento é um animal totalmente diferente. Alguns de nos entendem que uma pessoa está dirigindo o carro. Outros acham que ele se move por conta própria, como uma grande vaca ou ovelha. É por isso que muitos de nós perseguem os carros. Nosso instinto de pastoreio nos impulsiona, e temos de perseguir aquela coisa monstruosa. Poucos cães percebem o quanto os carros são rápidos, pesados e perigosos. Se nos ferimos quando estamos perseguindo um carro, aprendemos que não é uma boa idéia continuar a fazer isso. No entanto, alguns de nós simplesmente não conseguem parar. Os nossos instintos podem ser mais fortes do que a nossa capacidade de optar pela autopreservação ou pela segurança. Precisamos de vocês para nos proteger dos carros em movimento.

É melhor que vocês nos ensinem sobre os carros quando ainda somos filhotes. Quando estivermos passeando a pé, mantenham-nos longe dos carros, ensinando-nos a sentar quando eles estiverem passando ou mantendo-nos na calçada e ficando entre nós e a rua. Nunca nos deixem correr na rua. Só saberemos que essa é uma zona perigosa se vocês nos ensinarem. A maioria de nós acha que este é um mundo benevolente com obstáculos e desafios naturais. Os carros são rápidos demais para que possamos compreendê-los e reagir com rapidez suficiente.

Dentro do carro, precisamos aprender a nos comportar com segurança. Se pulamos de um lado para o outro e latimos, podemos distrair vocês e causar um acidente. Se pularmos no seu colo e vocês não conseguirem fazer o necessário para controlar o carro, ambos estaremos encrencados. Ensinem-nos a ficar quietos no banco traseiro, onde ficaremos seguros e deixaremos que vocês se concentrem no trânsito.

Vocês gostam de viajar?

Viagem significa aventura.

R: Lembrem-se, nossos ancestrais lupinos e a maioria dos nossos primos, os coiotes, jaguares e cachorros-do-mato, estão acostumados a percorrer grandes distâncias, quando necessário, em busca de uma presa. Para nós, é empolgante se aventurar em território desconhecido. Sair com nossa família humana é agradável porque as matilhas de lobos viajam juntas e porque estamos lá para proteger vocês nas regiões desconhecidas. Para a maioria de nós, andar de carro é divertido. Também suportamos viajar em aviões e trens, dentro de gaiolas, se a recompensa for a companhia que teremos durante essas aventuras.

Vocês assistem à TV? Se assistem, que tipo de programa preferem?

*Não é a TV que importa,
é a companhia.*

R: A maioria de nós gosta de ficar ao lado de vocês assistindo à TV. Essa costuma ser uma grande oportunidade para receber carícias na barriga, deitar a cabeça no seu colo ou ainda deitar aos seus pés. Quando assistimos à TV, geralmente nos interessamos mais pelos animais que aparecem na tela. No entanto, depois que percebemos que se trata apenas de uma imagem, perdemos o interesse.

cuidados
com o corpo

capítulo oito

"Tudo o que eu preciso saber sobre os cães é que eu os amo, e os cães parecem me dizer, 'Tudo bem, você pode me amar'. Isso é tudo e nada mais."

— Joe Garagiola

Como podemos cuidar melhor de vocês?

Nossas necessidades são simples.

R: Vivemos para servir, para amar e para brincar. Se nos amam, vocês nos dão o que queremos e do que mais precisamos. Precisamos de comida e abrigo. Precisamos de afeto, toques suaves, parceria e palavras gentis. Precisamos sentir que temos um propósito na vida de vocês. Precisamos sentir que estamos contribuindo com a nossa "matilha".

Por favor, entendam o seguinte: muitas pessoas não sabem nos alimentar direito e muitos dos remédios que nos administram agridem o nosso organismo. As suas substâncias químicas nos deixam doentes. Emocionalmente, nós também passamos maus bocados, porque muitos de vocês sofrem de ansiedade e stress. Cuidar bem de si mesmos é um grande presente que vocês podem nos dar. Vejam, muitas vezes ficamos doentes porque assumimos o seu stress e às vezes as suas doenças. A nossa dádiva de amor incondicional inclui diminuir o fardo sobre os seus ombros. Nós fazemos isso empenhando-nos ao máximo para lhes dar alegria e lembrando-lhes de como brincar. No entanto, muitas vezes ficamos doentes no lugar de vocês.

Digam-nos o que vocês precisam para se sentirem nutridos.

A nutrição envolve muitos fatores.

R: No início dos tempos, éramos caçadores-coletores, assim como os seres humanos. Vivíamos juntos em matilhas e cooperávamos uns com os outros em nossas caçadas, assim como vocês fazem em comunidade. Começamos nosso relacionamento com a humanidade a princípio ajudando nas caçadas. Os seres humanos logo perceberam que tínhamos uma audição mais apurada, um faro melhor e muitas vezes uma noção mais clara do jogo. Vocês descobriram que podiam confiar em nós e começaram a compartilhar conosco o alimento que ajudávamos a obter. No começo, o caçador, seja homem ou lobo, respeitava a presa que caçava. Sabíamos que ela estava dando a vida para que pudéssemos sobreviver. Todos vivíamos num ciclo sagrado – dar e receber, receber e dar. Chamávamos isso de dança sagrada entre predador e presa. Pode-se dizer que a presa é o ser mais evoluído. Ela escolheu dar a vida em benefício de outros seres. Essa não é uma dádiva maravilhosa? Quando um caçador está em equilíbrio, ele tem um entendimento profundo da dádiva que a presa lhe concede e mostra a sua gratidão por ela, antes, durante e depois de caçá-la, matá-la e comê-la.

Nós nos sentimos melhor quando o nosso alimento provém de animais que foram criados de maneira respeitosa e cheia de amor. E isso também acontece quando a nossa alimentação é composta de carne, gorduras, hortaliças e alguns cereais de vez em quando.

Quando vocês nos alimentam, fazem isso com amor, e é esse amor o maior nutriente da nossa vida.

O que podemos fazer para que as idas ao veterinário não sejam tão desagradáveis?

Saber e compreender o que está acontecendo nos dá mais segurança.

R: Pensem no que vocês gostariam de saber antes de ir a um hospital. O que os deixaria mais seguros e preparados? Primeiro, expliquem para nós, antes de ir, o que vamos fazer lá. Digam-nos quem tocará em nós e o que acontecerá. Por exemplo, quando forem nos explicar que seremos castrados, façam um quadro mental de tudo o que acontecerá, como se estivessem vendo. Expliquem que ficaremos anestesiados por um tempo, para evitar que sintamos dor durante a cirurgia. Digam-nos que o veterinário raspará o nosso pêlo, fará um corte e removerá nossos testículos para que não possamos mais nos reproduzir. Digam-nos que, depois que os testículos forem removidos, o médico costurará o corte e nos colocará num lugar bem macio, confortável e quente, onde acordaremos e começaremos a nos recuperar da anestesia. Expliquem-nos que os pontos podem doer, mas precisamos fazer o possível para não mexer neles. Digam-nos que logo vocês chegarão para nos levar para casa; que vocês têm certeza de que tudo correrá bem e que logo estaremos bons! Visualizem-nos felizes, saudáveis e correndo de lá para cá cheios de alegria.

Vocês precisam saber que, se fizerem uma imagem mental enquanto explicam as coisas para nós, temos muito mais chance de entender o que vocês estão dizendo. Ao explicar o que nos acontecerá, vocês nos dão uma idéia do que esperar e tempo para que nos preparemos. Isso ajuda a evitar o medo do desconhecido.

Dizendo-nos como vocês gostariam que tratássemos o corte, por exemplo, vocês nos mostram um outro jeito de nos curar. Normalmente nós lambemos a ferida para ajudá-la a cicatrizar, mas se vocês nos explicarem que existe uma outra maneira de curá-la, muitos de nós tentarão respeitar o jeito de vocês.

Visualizando e explicando que ficaremos bem, vocês nos mostram que nos recuperaremos e nós ajudaremos a fortalecer a sua imagem mental em vez de nos concentrarmos no medo ou na dor. Vocês nos comunicam com clareza que logo estaremos bem e normalmente isso de fato acontece!

Enquanto estamos sob anestesia, ficamos totalmente conscientes do que está acontecendo conosco. Também costumamos nos lembrar melhor da experiência depois que voltamos da anestesia. A sensação de desamparo e a incapacidade de controlar o nosso corpo, enquanto estamos sob o efeito da anestesia, é uma experiência muito difícil para nós. Alguns de nós continuam confusos ou se sentindo meio fora do corpo durante horas ou dias, depois da operação. A anestesia é uma substância química fortíssima e muitos de nós são sensíveis a ela e precisam de ajuda para eliminá-la do organismo.

Quando fizermos uma visita ao veterinário, fiquem conosco, se possível. A mesa e a sala de exames geralmente são frias, do ponto de vista físico e emocional. Muitas vezes sentimos o que aconteceu na sala com o animal examinado antes de nós. Ajudem-nos a nos acalmar e a nos sentirmos mais seguros tocando-nos ou segurando-nos, enquanto falam conosco com delicadeza. Se tivermos de ficar na clínica sem vocês, por favor levem-nos algo conhecido, como uma camiseta velha que tenham usado recentemente. Digam-nos quando voltarão e voltem o mais rápido possível.

O que vocês sentem com relação à castração?

A maioria de nós aceitou o fato de que a castração faz parte da nossa vida na sociedade humana.

R: Seria maravilhoso se pudéssemos ter mais controle sobre a nossa procriação. Infelizmente, para a maioria de nós, nossos instintos se sobrepõem à nossa consciência superior quando farejamos o cheiro de uma cadela no cio. Alguns de nós conseguem manter o autocontrole e tem muito orgulho dessa capacidade. Cada cachorro lida de uma maneira com a responsabilidade ligada à sua fertilidade. Alguns de nós são controlados pelos seus hormônios e a castração possibilita que nos concentremos mais facilmente na nossa missão com as pessoas que amamos. Sabemos que a superpopulação de cães é um problema na sociedade humana. Precisamos trabalhar juntos de modo que todos os cães e seres humanos possam ter uma vida feliz e saudável.

Muitas cadelas gostam de ser mães. Outras optam por dedicar a vida às suas famílias humanas. Aquelas que têm vontade de ser mães, gostariam de dar aos seus filhotes as mesmas dádivas de amor que as mães humanas dão aos filhos: uma infância saudável, um ambiente seguro para crescerem, um lar feliz e uma vida cheia de propósito. Se essas coisas não são possíveis, então aceitamos de bom grado a castração. Também não gostaríamos de procriar com um parceiro que não escolhemos. Preferimos escolher nossos parceiros para produzir filhotes mais saudáveis e bem formados. Muitos cães doentes e malformados são resultado de cruzamentos entre cães escolhidos por seres humanos. Muitas vezes o critério de vocês não combina com o nosso. Por outro lado, seres humanos conscientes podem nos ajudar, oferecendo-nos bons parceiros mas deixando-nos à vontade para decidir se cruzaremos ou não. Quando uma pessoa respeita a nossa individualidade, ela leva em conta as nossas necessidades e desejos individuais e faz o que pode pelo nosso bem e pelo bem da nossa ninhada.

A castração é uma decisão importante. É preciso levar em conta muitos fatores antes de decidir por ela. Por favor, conversem conosco primeiro e expliquem por que gostariam de nos neutralizar e quando e como isso acontecerá. Permitam que nos preparemos para ela. Certifiquem-se de que estamos saudáveis e fortes antes de nos submeter à cirurgia e, por favor, não deixem o nosso organismo vulnerável antes dela com vacinas e outras drogas. Dêem-nos tempo para nos curar, com muito amor, água fresca e boa alimentação.

O que vocês acham das pulgas?

As pulgas são companheiras cuja função é nos ajudar a restabelecer o equilíbrio do nosso corpo.

R: As pulgas não são animais nocivos. Não são nossas inimigas. Temos um relacionamento de longa data com as pulgas, os parasitas, os ácaros e as moscas. Esses seres vivem em nós e nos acompanham há muito tempo. Quando estamos infestados dessas criaturas, isso significa que o nosso corpo está enfraquecido e doente. As pulgas estão só fazendo o que lhes cabe fazer: ajudando-nos a corrigir um desequilíbrio. Um cão infestado de pulgas ou fortalece o seu organismo ou fica mais enfraquecido e acaba morrendo. Usar inseticidas contra pulgas é uma batalha perdida, pois eles geralmente fazem mais mal a nós do que a elas. A melhor defesa contra parasitas é um corpo feliz e saudável.

> **O que significa para vocês ficar cegos, surdos ou perderem os movimentos de uma perna?**

Nós aceitamos a deficiência e procuramos compensá-la de algum modo.

R: Nesse caso também, a nossa atitude com relação a essas experiências é diferente da atitude da maioria dos seres humanos. Perder a visão costuma ser menos traumático para nós porque estamos acostumados a ver também com os nossos outros sentidos. Quando somos filhotinhos, nossa visão é o último sentido que se desenvolve. Desde que nascemos, dependemos do nosso faro e do nosso paladar aguçado para conhecer o mundo físico. Nossa primeira experiência do mundo se dá por meio do paladar, do toque, da audição e da capacidade que desenvolvemos de distinguir entre o nosso corpo energético e o nosso corpo físico. A visão é uma espécie de cereja do bolo. Nós somos gratos por esse sentido, mas não dependemos dele. Se perdermos a visão por doença ou algum acidente, compensamos essa perda com outros sentidos e com a nossa terceira visão, não-física.

A surdez é mais penosa para nós, pois a audição é fundamental para cumprirmos nosso dever como cães de guarda.

Nossos ouvidos estão sempre atentos, até quando dormimos. Quando perdemos a audição, nós nos sentimos mais vulneráveis, especialmente durante o sono. Fazemos o melhor possível para compensar essa deficiência, e muitos de nós aproveitam tão bem os outros sentidos que vocês podem não perceber de imediato a nossa dificuldade para ouvir.

Perder uma perna não é o fim do mundo. Nesse caso também procuramos compensar essa perda distribuindo o peso sobre as outras pernas. Depois de um tempo, nosso corpo passa a apresentar um desequilíbrio estrutural.

Quando perdemos uma perna, o seu toque consciente, massagens, técnicas para aliviar a tensão e corrigir desvios na coluna, e qualquer outra coisa que ajude a energia fluir pelo corpo, são extremamente úteis. Quanto mais recebemos esses tratamentos, mais tempo vivemos ativos e sem desconfortos. Às vezes, cães de trabalho ou pastores precisam de um estímulo extra para se adaptar ao movimento com três pernas. Não sintam pena de nós. Dêem-nos o seu apoio com alegria e amor e logo voltamos a ficar bem.

Por fim, saibam que não lamentamos por muito tempo a perda de algo. Nós nos preocupamos com o que temos, não com o que não temos.

O que vocês acham da eutanásia?

Optem pela eutanásia por compaixão.

R: A eutanásia é muitas vezes apenas uma maneira de se livrarem de nós. Quando nossa vida é abortada dessa maneira, isso é doloroso, tanto do ponto de vista emocional quanto espiritual. Mas às vezes a eutanásia é uma opção viável e útil. Há ocasiões, especialmente depois de enfrentarmos uma longa doença, em que fica difícil continuar a viver. A eutanásia, quando aplicada com compaixão e ternura, pode ser uma dádiva.

A sua atitude e energia no momento da eutanásia são o fator-chave. Se vocês se sentirem culpados, infelizes, penalizados, com raiva ou insensíveis, nossa experiência final muito provavelmente refletirá o que vocês estão sentindo. No momento da morte, a nossa alma registra as últimas emoções que sentimos. Se vocês estão perto de nós, irradiando o seu amor, dizendo-nos para retornar para os braços de Deus, para a Paz, para a Luz, nós deixaremos nosso corpo com tranqüilidade. É assim que a nossa alma lembrará dos nossos últimos instantes de vida e ficaremos contentes.

Optem pela eutanásia por compaixão. Ouçam o seu coração para saber quando os seus queridos amigos estão lhe dizendo que estão prontos para partir. Fiquem conosco quando isso acontecer. Tenham fé de que estaremos voltando para o Amor. Tenham certeza de que só estaremos separados fisicamente e que nossas almas, uma vez ligadas pelo amor, nunca mais se separarão.

Se vocês são responsáveis por aplicar a eutanásia em cães que nem tiveram tempo de conhecer, o mesmo se aplica a vocês. Lembrem-se de que esses cães à beira da morte são (ou quiseram ser) os amados amigos de alguém, e os tratem com gentil compaixão, como tratariam um membro querido da família.

Como podemos fazer abrigos melhores para vocês?

Conforto em todos os níveis.

R: Cada um de nós tem as suas necessidades particulares, mas o mais importante são as atitudes dos seres humanos que cuidam de nós. Aqueles com quem convivemos são os responsáveis por criar uma atmosfera relativamente agradável para nós ou por despertar o nosso medo ou stress. O conforto físico inclui calor humano, privacidade, companhia de outros cães, momentos de lazer, ar fresco, luz do sol e um pátio, separado do lugar onde dormimos, para brincar e fazer as nossas necessidades. Quanto mais animais houver no mesmo espaço maior será o stress. Geralmente é melhor manter grupos menores de cães em uma área pequena, cercada com grades, do que uma grande quantidade de animais em gaiolas individuais, mantidas em lugares fechados. Lembrem-se de que normalmente vivemos em bandos, que significam seis ou oito animais, não sessenta. A companhia de outros cães é importante.

cuidados com os sentidos e com a mente

capítulo nove

"Eu sou o tapete sob os seus pés,
que amortece todas as agruras da vida."

— Dog

É mais doloroso perder um amigo canino do que um amigo ou parente humano?

Nosso amor é simples, sereno e livre.

R: A maioria dos seres humanos ainda não consegue amar assim. Não se preocupem em saber por que os seus amigos e parentes humanos não lhes são tão caros quanto nós. Perguntem a si mesmos, "Será que não posso ser tão querido pelas outras pessoas quanto são os seus cães?" O segredo é não esperar que as pessoas mudem. É decidir começar hoje mesmo a amar como um cão. Todo ser humano da sua vida anseia por amor. Se vocês simplificarem o seu amor, não se preocuparem tanto com o ego e viverem com alegria, as outras pessoas acharão vocês tão encantadores quanto os cães. Se todo ser humano tentasse fazer isso, nem que fosse por algumas horas ou um dia, que mundo maravilhoso seria este! Aí, sim, teríamos realmente conseguido algo importante!

Vocês já estiveram conosco em outras vidas? Um dia voltarão?

Muitos de nós acompanham os seres humanos que amam ao longo de muitas vidas.

R: Às vezes morremos e voltamos para vocês na sua vida presente. Depois que nos unimos por laços de afeto, nada pode nos separar. Vida após vida, sempre que nossas almas empreendem a sua jornada, se concordarmos em voltar juntos na forma física, isso de fato ocorrerá. Muitas vezes, voltamos para vocês durante um período particularmente difícil, só para deixá-los outra vez depois de superadas as adversidades. Às vezes ficamos com vocês durante muito tempo. Outras vezes, nossa tarefa é concluída em pouco tempo. Quando vocês realmente se conscientizarem de que todos nós – cães e pessoas – só permanecemos na forma física por breves períodos, e que concordamos em encarnar e desencarnar em determinadas épocas, vocês conseguirão ter uma visão mais ampla da vida.

Vocês escolhem com quem querem viver ou isso é determinado em outros planos?

Geralmente a alma decide.

R: Ou fazemos um acordo com a pessoa no nível da alma ou simplesmente decidimos arriscar e seguir para onde a vida nos levar – de preferência para uma pessoa que precise e cuide bem de nós e se sinta grata pela nossa companhia. O acordo entre uma alma humana e uma alma canina, para viverem uma vida juntas, pode ser feito no plano espiritual ou terreno. Isso não importa, pois as almas não têm fronteiras.

Com o que vocês sonham?

Com muitas coisas.

R: Geralmente sonhamos com atividades físicas divertidas. Esse é o nosso jeito de voltarmos a entrar em contato com a alegria. Em nossos sonhos, muitas vezes corremos, perseguimos coelhos, ovelhas, bolas ou outros brinquedos. Quando ficamos mais velhos, sonhamos com coisas bonitas que vivemos ao longo da vida com vocês. Sonhamos que somos jovens e cheios de vida. Às vezes sonhamos com o nosso lugar aos pés de Deus. Restabelecemos nossa ligação com o Criador, sem carregarmos o fardo que representa um corpo físico, embalados pela glória do Amor Divino. Essa é uma experiência que nos revitaliza. Muitas vezes, quando nos sentamos aos pés de Deus, em nossos sonhos, pedimos ajuda ou orientação. Nunca hesitamos em nos dirigir para o alto quando precisamos de algo.

Como vocês nos encontram mesmo quando estamos a centenas ou milhares de quilômetros de distância?

É o amor que nos faz encontrá-los!

R: Quando amamos de verdade um ser humano e sabemos que ele também nos ama, um vínculo energético se estabelece entre nós para sempre. Esse amor passa a ser como um fio que nos liga a essa pessoa e não pode ser cortado nem mesmo com a morte. As nossas almas ficam ligadas para sempre. Se vocês pensarem que a morte, a "Grande Separação", como dizem muitos de vocês, não pode nos separar, o que significam alguns milhares de quilômetros?

Mas como isso se processa?

Os seres humanos têm muita dificuldade para compreender coisas simples.

R: O campo energético de todos os organismos vivos tem uma memória. Essa memória não é limitada pelo tempo ou pelo espaço, pois está além da realidade física. Depois que nos ligamos a um ser humano, e ele a nós, conservamos a lembrança ou a assinatura energética dessa pessoa dentro do nosso campo energético. Se nos separamos, a lembrança desse belo amor compartilhado nos fará buscar o reencontro, para que essa união se restabeleça. Trata-se de uma reação magnética. Depois que começamos essa busca, não conseguimos mais parar. Ligamos o nosso radar e só paramos quando encontramos o caminho que nos leva até vocês.

Usamos todos os nossos sentidos para empreender essa busca. Usamos a audição, a visão, o faro, mas também nossa audição, nossa visão e nosso faro interiores. Nossos sentidos espirituais nos conectam com o Divino. Vocês às vezes chamam essa capacidade de "sexto" sentido. Quando usamos esses sentidos interiores, não existe separação, nem distância, nem espaço, nem tempo. Nós encontramos vocês. É na verdade muito simples.

Sabemos que vocês pressentem os terremotos. Como são capazes disso?

Sentimos as alterações vibracionais.

R: A nossa aura, quando queremos, funciona como uma antena. Assim como sentimos uma alteração vibracional no campo energético de vocês quando estão na iminência de ter um ataque epilético, antes de um terremoto podemos sentir uma alteração vibracional no ar, no solo, nas plantas e nas árvores. Vocês também podem recordar como entrar novamente em contato com esse sentido. Vocês têm a capacidade de sentir perfeitamente auras, mudanças vibracionais, tudo isso, assim como nós. Só precisam treinar, prestando atenção e procurando usar todos os seus sentidos. Os seus olhos, os seus ouvidos e a sua pele são apenas uma parte de tudo de que vocês dispõem.

Vocês vêem auras humanas?

Sim, vemos, sentimos e percebemos o cheiro que exala o campo energético ou a aura de vocês.

R: Quando olhamos para vocês usando todos os nossos sentidos, percebemos um campo de energia em torno do seu corpo físico. Na verdade, não conseguimos ver vocês sem que vejamos esse campo também! Ele é tão claro para nós quanto os seus braços e pernas. Percebemos a aura ou o campo energético de todos os seres vivos. Os nossos ancestrais desenvolveram tanto a capacidade de perceber o campo energético da presa quanto a de usar o próprio campo para várias finalidades diferentes. Por exemplo, quando um lobo está caçando um coelho, ele recolhe conscientemente o seu campo de energia para mais perto do corpo, tornando as suas vibrações mais serenas. Quando o coelho está no seu raio de alcance, ele projeta o seu campo energético como uma teia, envolvendo o coelho. O animal sente a energia do lobo e por uma fração de segundo não consegue perceber de onde o seu predador está vindo.

Normalmente o campo energético do coelho funciona como uma antena, que capta os sinais enviados pelo campo energético dos predadores. Nesse sentido, o coelho tem na verdade uma vantagem, pois sua aura, assim como uma antena, muitas vezes o avisa do perigo que o espreita. É por isso que, a cada dez ataques, o predador só é bem-sucedido em dois.

Os lobos e outros membros da família canina também podem ampliar o seu campo energético para muito além do corpo físico e captar a presença de outros indivíduos da sua família ou invasores do seu território. Quando nos encontramos, nosso primeiro contato se faz por intermédio dos nossos campos energéticos. Primeiro examinamos a aura uns dos outros. Depois constatamos se nos damos bem ou não, dependendo da nossa compatibilidade energética. Se formos compatíveis, nos comportaremos de modo amigável. Do contrário, assumiremos uma postura defensiva ou de ataque, dependendo do nível de ameaça que o outro represente para nós.

Com os seres humanos, obtemos muitas informações por meio da aura ou campo energético. Vocês carregam uma assinatura energética na aura que indica a sua verdadeira natureza. Vocês podem conseguir esconder muito bem essa natureza das outras pessoas, por meio de roupas elegantes ou palavras dissimuladas, mas não podem esconder a sua verdadeira natureza de nós. É por isso que muitos de vocês perceberam que, se não gostamos de uma pessoa, há muito boas razões para terem cautela em seu relacionamento com ela.

Vocês conseguem dizer se um ser humano terá problemas de saúde futuramente observando a aura dele?

Sim.

R: Isso normalmente é possível porque doenças físicas, emocionais, mentais e espirituais se evidenciam na aura ou campo energético antes de se manifestarem no corpo físico. Muitas vezes sabemos que vão ficar doentes antes mesmo de vocês. Por exemplo, podemos sentir que uma pessoa está prestes a ter um ataque epilético, porque há uma mudança vibracional no seu campo energético. Alguns de nós são mais sensíveis a isso do que outros, mas a maioria pode se lembrar de como se faz isso, caso saiba que é algo importante para vocês. Só precisamos criar um código de sinais claros entre nós para nos comunicarmos. Primeiro precisamos saber que vocês gostariam que prestássemos atenção nisso e que os avisássemos de mudanças na sua aura. Digam-nos como querem que lhes comuniquemos que um problema está prestes a acontecer. Mostrem-nos como vocês responderão ao nosso sinal. Certifiquem-nos de que vocês nos entenderam e ajam com base no que comunicamos.

Vocês têm nostalgia com relação ao passado ou pensam no futuro?

Fazemos o possível para ficarmos bem onde estamos.

R: Se vocês estão nos perguntando se sentimos saudade de algo que não temos mais na nossa vida, a resposta é "às vezes". Se perdemos uma pessoa querida, fazemos o possível para encontrá-la. Se isso não é possível, tentamos nos ligar a outra pessoa para amá-la. Se sentimos falta das atividades que praticávamos no passado? Sentimos às vezes. Normalmente, fazemos o possível para ficarmos bem onde estamos. Como já mencionamos, se as atividades do passado foram gratificantes e agradáveis, como pastorear ovelhas, por exemplo, e não temos mais oportunidade de realizá-las, precisamos de ajuda para nos adaptar às novas circunstâncias. Precisamos de novas tarefas para substituir as antigas.

Se estivermos com uma pessoa que amamos, então o passado na maioria das vezes não tem importância. O presente é tudo que importa!

Podem apostar que o futuro é irrelevante para nós. O presente é tudo o que importa! É difícil ter arrependimentos quando se vive plenamente o presente.

o que os cães nos ensinam sobre a *spiritualidade?*

capítulo dez

"Do seu coração grandioso irradia tamanha ternura que, sempre que quisermos, podemos senti-la em nosso próprio peito. Em meio a essa ternura, nossas próprias asas começam a brotar."
— Sarah M. Irvine from "Angel Dog"

Vocês têm intuição?
E o Deus dos cães é o mesmo Deus de todas as pessoas?

Somos todos um.

R: Este livro destina-se a entrar em contato com a nossa intuição, como vocês a chamam, ou Consciência Divina, como preferimos dizer. Todo ser deste planeta tem uma Consciência Divina. Todo ser expressa essa consciência do seu próprio jeito.

Sim, o Deus das pessoas também é o nosso Deus. Somos todos um, não existe diferença, separação, nem física nem espiritual, entre as espécies. Para passar pela experiência da individualidade, vocês criaram uma impressão de separação. Embora seja difícil compreender, esses dois conceitos não são sinônimos.

Qual o sentido da vida?

Vida é alegria.

R: Se não nos divertirmos, de que adianta viver? A alegria é um estado da mente e do corpo. Não podemos ser felizes mentalmente se o nosso corpo também não for feliz. A diversão é um termo relativo. Para nós diversão é combinar em todos os momentos do dia a brincadeira com um trabalho significativo. Trabalho significativo para nós consiste em fazer algo que beneficie os seres humanos que amamos. Às vezes isso significa pastorear ovelhas, caçar raposas, guardar a casa. Outras vezes significa fazer companhia à pessoa com quem convivemos e mostrar o nosso amor de todas as maneiras possíveis. Dar e receber amor é o que mais nos dá alegria. Para nós, esse é o sentido da vida.

É importante definir o que é diversão e o que é significativo para nós, individualmente. A vida é breve, por isso façam tudo com alegria.

Para onde vocês vão quando morrem?

Para o Lugar da Reunificação.

R: A morte não é o fim da alma, mas o fim deste corpo, em particular. Sabemos que a morte é temporária. Eis o que acontece: o corpo (todos os corpos físicos – dos seres humanos, dos cães, das aranhas) se deteriora e deixa de funcionar. A alma deixa o corpo e evapora no ar. Quando ela evapora, a energia muda outra vez, voltando a fazer parte da Vida. Por Vida, queremos dizer vida infinita, vida eterna, unidade com o Amor, com o Criador. Alguns de vocês chamam isso de "céu". Outros o chamam de "além". Nós chamamos de "Lugar da Reunificação". Ali não existe dor física nem sofrimento. A alma vê com clareza, livre do confinamento da forma física e da experiência pessoal. A alma ganha perspectiva sobre esta vida e tem a oportunidade de rever a sua última vida e decidir o que fazer na seguinte.

Sim, os cães têm alma. A nossa alma é dotada de livre-arbítrio, assim como a de vocês. Podemos optar por voltar num novo corpo e à experiência de vida ou permanecer em espírito. Nesse caso há uma grande diferença entre a jornada da alma humana e a da canina. Nós nos lembramos das nossas vidas passadas. A maioria de vocês não se lembra. Não sabemos direito por que isso acontece. O Criador deve ter um bom motivo para isso. Ficamos felizes de poder lembrar o que fizemos ou vivenciamos nas nossas vidas anteriores. Ficamos felizes de poder ver o quadro todo. Isso nos dá a possibilidade de não nos apegarmos tanto ao nosso corpo e às experiências de uma vida em particular, como muitos de vocês se apegam. Não pensamos tanto no que fizemos ou deixamos de fazer. O que mais nos interessa é a nossa missão e a alegria de estarmos vivos. Talvez vivamos mais no presente do que vocês porque compreendemos que a vida é passageira. As dores, os erros ou os mal-entendidos do passado não são o fim do mundo. Sempre existe uma oportunidade para escolhermos a bondade. Sempre há tempo para brincar.

Vocês nos visitam em espírito?

O tempo todo.

R: Claro! Visitamos vocês o tempo todo quando estamos em espírito. Vocês não nos vêem porque não acreditam que podem. Às vezes vocês nos vêem ou sentem a nossa presença um pouco depois da nossa morte. Muitos de vocês já tiveram a experiência de nos ver aos pés da cama ou com o canto do olho, ou nos ouvir raspando a porta para entrar. Essas são experiências reais, tão reais quanto as físicas, muito embora a mente racional tente afirmar o contrário. A saudade que vocês sentem de nós faz com que ultrapassem a descrença e o condicionamento racionais e possam sentir a nossa presença amorosa, depois que deixamos o corpo físico.

> **Depois** que vocês morrem, às vezes sonhamos que vocês vieram nos visitar. Isso de fato acontece ou se trata de uma fantasia?

Nós realmente os visitamos em seus sonhos.

R: Quando os seres humanos sonham, a mente pára de controlar, julgar ou distorcer. O estado onírico é puro. Quando acordam pela manhã em geral se lembram dos sonhos através dos filtros da mente, que podem distorcer a verdade. No entanto, quando relaxam a mente e o corpo no sono e entram num estado onírico, vocês voltam a se conectar com a realidade a que todos pertencemos. Enquanto sonham, vocês têm a oportunidade de receber mensagens, orientação, inspiração divina. Quanto mais conectados estiverem com o seu processo onírico pessoal, mais capazes são de se comunicar conosco, assim como com o seu eu superior, com os anjos e com Deus. Vocês podem se lembrar de quem realmente são ficando mais conscientes dos seus sonhos e aproveitando-os como uma ponte para a sua natureza verdadeira, autêntica e divina. Depois que se conectarem com o seu verdadeiro eu, não sentirão mais separação, perda ou pesar.

Muitas vezes os visitamos em seus sonhos depois da nossa morte para assegurar-lhes de que estamos bem, formosos e extremamente felizes. Embora em seus sonhos vocês possam nos ver num ambiente familiar, na verdade vocês estão nos vendo no céu, o lugar da Unidade, da conexão com Tudo O Que É. Ali não existe mais dor, nem sofrimento, nem tristeza. O cenário não é tão importante quanto o sentimento de alegria e de completude que lhes transmitimos nos sonhos. Esse é o propósito de visitá-los em sonhos.

Vocês sentem falta de estarem num corpo físico na Terra?

Às vezes sim, às vezes não.

R: Isso depende de muitos fatores diferentes. Se a nossa vida foi difícil e dolorosa, estar no mundo espiritual é muito melhor. Se tivemos uma vida gratificante, então deixar o corpo é o mesmo que fechar uma porta depois de concluir um trabalho bem-feito. Não existem arrependimentos, embora muitas vezes haja tristeza, pois vocês acham que estamos deixando vocês para sempre. Essa é uma crença incorreta mas fortíssima que está impressa nas células da maioria dos seres humanos. O corpo é simplesmente um lar temporário para a alma. Procuramos usá-lo com sabedoria, aproveitando todas as dádivas e oportunidades que ele nos dá. Evidentemente, se não concluímos o nosso trabalho ou missão individual, temos de voltar num outro corpo tão logo possível para concluir o que deixamos inacabado.

Lembrem-se, sabemos que o corpo é temporário e nos recordamos das nossas vidas passadas. Sabemos que deixar o corpo para nos reconectarmos com Deus é uma experiência gloriosa, assim como pode ser o retorno à Terra para viver uma nova vida, apesar de todos os riscos que isso representa. As jornadas pela vida e a morte são uma maneira maravilhosa de aprender, crescer e prestar serviço à espécie humana, ao planeta e a todas as suas criaturas, e a Deus.

O quanto vocês se lembram das suas vidas passadas?

Normalmente, nós nos lembramos de muita coisa.

R: Alguns de nós podem se lembrar de dezenas de vidas, outros lembram-se apenas de uma, em particular. Isso depende de quantas vidas tivemos e de quanto é importante para nós nos lembrarmos delas. Normalmente nossa lembrança se limita àquelas que afetam profundamente o presente. Por exemplo, se passamos muitas vidas ao lado de uma pessoa, teremos consciência das jornadas dela assim como das que estivemos ao lado dela. Muitas vezes nos lembramos do propósito da sua alma, mesmo quando vocês mesmos não se lembram. Não são raras as vezes em que estamos com vocês justamente para lembrá-los. Alguns de nós fazem todo o possível para levá-los de volta para os trilhos, caso tenham se desviado. Para nós é uma grande alegria ajudá-los a se lembrar de quem realmente são!

O que podemos fazer para ajudá-los quando os seus guardiões humanos morrem antes de vocês?

Precisamos de amor e amparo, assim como as pessoas.

R: Perder alguém que amamos é muito difícil para nós. Sentimos pesar assim como vocês. É importante que nos digam que essa pessoa se foi e que não voltarão assim como a conhecemos. A maioria de nós sabe disso no nível espiritual, mas, se estávamos envolvidos numa atividade física com essa pessoa, alguns de nós podem ter dificuldade para deixá-la partir e aceitar o fato de que seu guardião humano foi embora e não voltará mais. Precisamos muito de amor, amparo e tranqüilidade, assim como os outros membros da família. Geralmente nos sentimos melhor quando vamos para a casa de outra pessoa – alguém diferente para amar e cuidar. Se a pessoa que amamos tem tempo para falar conosco antes de morrer, isso pode fazer uma enorme diferença. Se ela nos pede para que cuidemos de outra pessoa, geralmente aceitamos o nosso novo guardião com muito mais facilidade. No caso da morte súbita de um guardião, a família dele pode nos ajudar cuidando de nós e lembrando que nós também sentimos tristeza, assim como eles.

Se vocês têm um parente idoso ou doente que tenha um cão devotado, saibam que esse cão está ajudando essa pessoa de incontáveis maneiras. Nós ajudamos a aliviar a dor dessa pessoa e a envolvemos no nosso amor, mesmo quando ela está sedada ou mental e fisicamente incapacitada. Vocês podem não ser capazes de ver o que fazemos, mas a pessoa que amamos sabe, no nível espiritual ou até no nível consciente. É lamentável que alguns amigos tão especiais como esses sejam muitas vezes ignorados, maltratados e até mandados para abrigos depois da morte da pessoa que eles tanto ajudaram. Por favor, planejem o que acontecerá conosco no caso de vocês nos faltarem, assim como fazem com um filho. Por favor, não deixem que simplesmente nos joguem na rua.

Vocês acreditam em anjos?

Temos muito em comum com os anjos.

R: Sem dúvida! Nós percebemos, vemos, farejamos, ouvimos e sentimos os anjos que acompanham os seres humanos, as plantas e os outros animais. Alguns de nós são anjos de quatro patas e um corpo físico. Não é por acaso que os anjos são atraídos para nós e nós somos atraídos pelos anjos. Nós e eles temos uma conexão com o Divino e a missão de ajudar os seres humanos a encontrar seu caminho de volta para Deus.

Como temos livre-arbítrio, assim como vocês, nós também evoluímos e nos desenvolvemos espiritualmente. Muitas pessoas não têm consciência do sofrimento que padecem outros seres humanos e os animais. Muitas pessoas não ouvem o choro ou o riso da Terra. O mais importante é que vocês acreditem que têm essa consciência. Então podem escolher o que fazer com ela, para alcançar um resultado que beneficie a todos. O que escolherão?

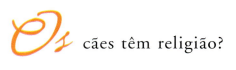

Os cães têm religião?

Temos uma prática espiritual.

R: Se vocês estão perguntando se temos uma prática espiritual, então a resposta é sim. Trata-se do amor e da compaixão, da alegria de viver totalmente no momento presente. Também é tratar a todos com respeito e ver o que cada pessoa tem de melhor.

Nós, seres humanos, temos dificuldade para seguir esses princípios. Vocês não têm?

Temos.

R: Se somos maltratados, abandonados, ou se falharmos com uma pessoa ou a desapontarmos, podemos nos desviar do nosso caminho, assim como acontece com vocês. Normalmente, receber amor e compaixão de um ser humano ou de outro animal nos leva de volta para o caminho certo. Vejam, sempre queremos voltar para a Luz, para o bem e para a completude. Às vezes nos perdemos, mental ou emocionalmente, e precisamos de ajuda para encontrar o caminho de volta para casa. Nunca optamos pela raiva ou pela crueldade, mas o medo e a desorientação podem nos fazer reagir dessas maneiras. Nesse caso também, o amor e a bondade são os melhores remédios.

Por que é tão difícil para os seres humanos oferecer amor e perdão incondicionais? Para vocês parece tão fácil!

Vocês têm um ego. Nós não temos.

R: O ego humano tem muitas facetas. Às vezes ele se expressa como um ar de superioridade. Às vezes como retraimento. Às vezes como sacrifício ou martirização. Às vezes como vitimismo. Todas essas expressões do ego criam separação e dualidade – a ilusão de que vocês e as outras pessoas não têm laços em comum. Só os seres humanos que realmente entenderem como o ego cria separação podem expressar e dar amor e perdão incondicionais.

Vocês podem reencarnar como um gato, um passarinho ou outro animal, ou como uma árvore ou um ser humano?

Somos seres dotados de livre-arbítrio, assim como vocês.

R: Isso depende do nível de consciência de cada cão. Se optarmos por voltar como um ser diferente, podemos voltar. No entanto, existe um grupo de almas adaptadas para serem cães, assim como existe um grupo de almas adaptadas para serem humanas. A escolha de nascer como um outro animal pode representar uma grande mudança no nosso caminho de vida. Embora isso possa parecer desafiador, não é impossível caso a alma realmente tenha esse desejo.

Qual é a chave para realmente ver o potencial pleno de todo ser humano, assim como vocês vêem?

R: Compaixão e compreensão. Paciência e confiança.

Como vocês vêem o futuro das interações entre cães e seres humanos?

Estamos nisso juntos.

R: Estes tempos de mudança são uma época de integração, cooperação e intuição. É o momento de combinar os dois seres, as duas energias numa só. Existe uma energia de integração, de paz, de cooperação; a oportunidade de submergir na unidade que está fluindo para o planeta neste momento. Vocês podem ver isso por meio dos seus opostos – guerras provocadas por diferenças religiosas, raciais e culturais. Contudo, neste momento da história, cada ser humano está recebendo ajuda para escolher a unidade e o amor, em vez da separação. Cada um de vocês, daqui para a frente, terá a oportunidade de escolher a unidade em vez da diferença. Olhem cada situação e perguntem-se como gostariam de reagir a ela. Vocês optarão pela raiva e pela acusação ou vão tentar ver as coisas do ponto de vista da outra pessoa e fazer algo para encontrar uma solução pacífica e criar união? Vocês sentem medo? Estão recebendo agora um grande apoio para escolherem o amor em vez do medo, mas cabe a vocês optar agir por amor em vez de agir com base no medo.

Cremos que todos vocês na Terra são o início de um novo despertar. Acreditamos profundamente que, por fim, acabaremos nos aproximando e nos entendendo cada vez mais. Como animais, nós nos relacionamos com outros animais de maneiras físicas e não-físicas. Podemos nos sintonizar com a Consciência Divina uns dos outros ou optar por permanecer no eu físico, mais limitado. Quando os seres humanos se lembrarem de que podem fazer isso também, todo o planeta passará por uma grande evolução. Estamos nisso juntos. Cada ser deste planeta afeta todos os outros. Quando cada um de vocês se lembrarem de que são seres divinos, assim como cada cão, gato, cavalo, aranha, verme, baleia, peixe, flor, folha de grama, tudo mudará.

Nós nos sentimos honrados e encantados por ter ajudado vocês a chegar até aqui. E estamos empolgados com o que virá.

Muito obrigado pelas perguntas.

na companhia dos *cães*

Este livro foi uma obra de amor – por todos os cães que conheci e por todas as pessoas que já amaram um cão ou são amadas por um deles. A generosidade dos cães, a sua lealdade e devoção incondicionais, continuam a me comover e inspirar. Cada vez que releio as suas respostas e explicações, capto algo de novo. São seres extraordinários.

O Conselho dos Cães tem o seguinte a lhes dizer neste momento:

"Amados, vocês são uma grande alegria. Vocês nos dão tanto de si mesmos e nós, seres tão bem-aventurados, damos a vocês o nosso coração, o nosso amor e a nossa devoção. Enquanto o Criador permitir que nossos destinos estejam entrelaçados, sempre estaremos ao lado de vocês. Somos amigos verdadeiros até o final dos tempos. Nós amamos vocês!

Que vocês possam consultar este livro várias e várias vezes ao longo da sua jornada pela vida, na companhia dos cães. E que possam parafrasear uma incrível frase de pára-choques: "Que todos nós possamos ser quem os nossos cães acham que somos!"

sobre *a autora*

KATE SOLISTI-MATTELON, autora, professora e palestrante conhecida internacionalmente, dedica a sua vida à comunicação com animais. Desde 1992, ela trabalha com protetores de animais, veterinários holísticos, adestradores e outros profissionais, ajudando na solução de desvios de comportamento, diagnosticando problemas de saúde, curando traumas do passado e facilitando o entendimento entre seres humanos e animais. Kate dá aulas, seminários e workshops por todos os Estados Unidos e Europa.

Ela contribuiu com artigos para as revistas *Animal Wellness, Tiger Tribe, Wolf Clan, Best Friends* e *Species Link*, todas especializadas em animais. Também é autora de vários livros sobre a comunicação com animais e saúde holística. O trabalho que realiza com animais já foi comentado em vários livros, jornais e periódicos. Ela é especialista em nutrição canina e, com seu marido, Patrice Mattelon, produziu o vídeo, *Save your Dog! Nourish Him the Way He's Built to Eat* [Salve o seu Cachorro! Alimente-o com o Que Ele Foi Feito para Comer]. Kate e Patrice dão aulas sobre nutrição canina e sobre Remédios Florais de Bach para cães no Lang Institute of Canine Massage, em Loveland, Colorado (EUA).

Para saber mais sobre a autora, consulte o website:

www.AKinshipwithAnimals.com

É de surpreender
 que a palavra *God* [Deus]
seja *dog* [cão] de
 trás para a frente?